U0152835

千華數位文化
Chien Hua Learning Resources Network

考前充分準備 臨場沉穩作答

千華公職資訊網
http://www.chienhua.com.tw
每日即時考情資訊 網路書店購書不出門

千華公職證照粉絲團
https://www.facebook.com/chienhuafan
優惠活動搶先曝光

千華 Line@ 專人諮詢服務

- 有疑問想要諮詢嗎？
  歡迎加入千華 LINE@！
- 無論是考試日期、教材推薦、
  勘誤問題等，都能得到滿意的服務。
- 我們提供專人諮詢互動，
  更能時時掌握考訊及優惠活動！

公務人員

「高等考試三級」應試類科及科目表

高普考專業輔考小組◎整理

完整考試資訊

http://goo.gl/LaOCq4

✪普通科目

1.國文◎（作文80%、測驗20%）

2.法學知識與英文※（中華民國憲法30%、法學緒論30%、英文40%）

✪專業科目

一般行政	一、行政法◎　二、行政學◎　三、政治學 四、公共政策　五、民法總則與刑法總則　六、公共管理
一般民政	一、行政法◎　二、行政學◎　三、政治學 四、公共政策　五、民法總則與刑法總則　六、地方政府與政治
社會行政	一、行政法◎　二、社會福利服務　三、社會學 四、社會政策與社會立法　五、社會研究法　六、社會工作
人事行政	一、行政法◎　二、行政學◎　三、各國人事制度 四、現行考銓制度　五、民法總則與刑法總則 六、心理學（包括諮商與輔導）
勞工行政	一、行政法◎　二、經濟學◎　三、勞資關係 四、就業安全制度　五、勞工行政與勞工立法　六、社會學
戶　政	一、行政法◎ 二、國籍與戶政法規（包括國籍法、戶籍法、姓名條例及涉外民事法律適用法） 三、移民政策與法規（包括入出國及移民法、臺灣地區與大陸地區人民關係條例、香港澳門關係條例、護照條例及外國護照簽證條例） 四、民法總則、親屬與繼承編 五、人口政策與人口統計　六、地方政府與政治
公職社會工作師	一、行政法◎　二、社會福利政策與法規　三、社會工作實務
教育行政	一、行政法◎　二、教育行政學　三、教育心理學 四、教育哲學　五、比較教育　六、教育測驗與統計
財稅行政	一、財政學◎　二、經濟學◎　三、民法◎ 四、會計學◎　五、租稅各論◎　六、稅務法規◎
商業行政	一、民法◎　二、行政法◎　三、貨幣銀行學 四、經濟學◎　五、證券交易法　六、公司法
經建行政	一、統計學　二、經濟學◎　三、國際經濟學 四、公共經濟學　五、貨幣銀行學　六、商事法

金融保險	一、會計學◎　二、經濟學◎　三、金融保險法規 四、貨幣銀行學　五、保險學　六、財務管理與投資
統　　計	一、統計學　二、經濟學◎　三、資料處理 四、統計實務（以實例命題）　五、抽樣方法　六、迴歸分析
會　　計	一、財政學◎　二、審計學◎　三、中級會計學◎ 四、成本與管理會計◎　五、政府會計◎ 六、會計審計法規（包括預算法、會計法、決算法與審計法）◎
財務審計	一、審計學（包括政府審計）◎ 二、內部控制之理論與實務 三、審計應用法規（包括預算法、會計法、決算法、審計法及政府採購法） 四、財報分析　五、政府會計◎　六、管理會計
法　　制	一、行政法◎　二、立法程序與技術　三、民法◎ 四、刑法　五、民事訴訟法與刑事訴訟法　六、商事法
土木工程	一、結構學　二、測量學　三、鋼筋混凝土學與設計 四、營建管理與工程材料　五、土壤力學（包括基礎工程） 六、工程力學（包括流體力學與材料力學）
水利工程	一、水文學　二、流體力學　三、渠道水力學 四、水資源工程學　五、營建管理與工程材料 六、土壤力學（包括基礎工程）
文化行政	一、世界文化史　二、本國文學概論　三、藝術概論 四、文化人類學　五、文化行政與政策分析 六、文化資產概論與法規
電力工程	一、工程數學◎　二、電路學　三、電子學 四、電機機械　五、電力系統 六、計算機概論
法律廉政	一、行政法◎　二、行政學◎　三、社會學 四、刑法　五、刑事訴訟法 六、公務員法（包括任用、服務、保障、考績、懲戒、行政中立、利益衝突迴避、財產申報與交代）
財經廉政	一、行政法◎　二、行政學◎　三、社會學 四、公務員法（包括任用、服務、保障、考績、懲戒、行政中立、利益衝突迴避、財產申報與交代） 五、心理學　六、財政學概論與經濟學概論◎
機械工程	一、熱力學　二、機械設計　三、流體力學 四、自動控制　五、機械製造學（包括機械材料） 六、工程力學（包括靜力學、動力學與材料力學）

註：應試科目後加註◎者採申論式與測驗式之混合式試題(占分比重各占50%)，應試科目後加註※者採測驗式試題，其餘採申論式試題。

各項考試資訊，以考選部正式公告為準。

千華數位文化股份有限公司
新北市中和區中山路三段136巷10弄17號
TEL: 02-22289070　FAX: 02-22289076

公務人員

「普通考試」應試類科及科目表

高普考專業輔考小組◎整理

完整考試資訊

http://goo.gl/7X4ebR

✪普通科目

1.國文◎（作文80%、測驗20%）

2.法學知識與英文※（中華民國憲法30%、法學緒論30%、英文40%）

✪專業科目

一般行政	一、行政法概要※ 三、政治學概要◎	二、行政學概要※ 四、公共管理概要◎
一般民政	一、行政法概要※ 三、政治學概要◎	二、行政學概要※ 四、地方自治概要◎
教育行政	一、行政法概要※ 三、心理學概要	二、教育概要 四、教育測驗與統計概要
社會行政	一、行政法概要※ 三、社會研究法概要	二、社會工作概要◎ 四、社會政策與社會立法概要◎
人事行政	一、行政法概要※ 三、現行考銓制度概要	二、行政學概要※ 四、心理學（包括諮商與輔導）概要
戶　　政	一、行政法概要※ 二、國籍與戶政法規概要（包括國籍法、戶籍法、姓名條例及涉外民事法律適用法）◎ 三、民法總則、親屬與繼承編概要 四、移民法規概要（包括入出國及移民法、臺灣地區與大陸地區人民關係條例、香港澳門關係條例、護照條例及外國護照簽證條例) ※	
財稅行政	一、財政學概要◎ 三、會計學概要◎	二、稅務法規概要◎ 四、民法概要◎
商業行政	一、經濟學概要※ 三、商業概論	二、行政法概要※ 四、民法概要◎
經建行政	一、統計學概要 三、國際經濟學概要	二、經濟學概要※ 四、貨幣銀行學概要
金融保險	一、會計學概要◎ 三、貨幣銀行學概要	二、經濟學概要※ 四、保險學概要

統　　計	一、統計學概要　二、經濟學概要※ 三、統計實務概要（以實例命題） 四、資料處理概要
會　　計	一、會計學概要◎　二、成本與管理會計概要◎ 三、審計學概要◎　四、政府會計概要◎
地　　政	一、土地法規概要　二、土地利用概要 三、民法物權編概要　四、土地登記概要
公產管理	一、土地法規概要　二、土地利用概要 三、民法物權編概要　四、公產管理法規概要
土木工程	一、測量學概要　二、工程力學概要 三、土木施工學概要　四、結構學概要與鋼筋混凝土學概要
水利工程	一、水文學概要　二、流體力學概要 三、土壤力學概要　四、水資源工程概要
文化行政	一、本國文學概論　二、世界文化史概要 三、藝術概要　四、文化行政概要
機械工程	一、機械力學概要　二、機械原理概要 三、機械製造學概要　四、機械設計概要
法律廉政	一、行政法概要※ 二、公務員法（包括任用、服務、保障、考績、懲戒、行政中立、利益衝突迴避、財產申報與交代）概要 三、刑法概要 四、刑事訴訟法概要
財經廉政	一、行政法概要※ 二、公務員法（包括任用、服務、保障、考績、懲戒、行政中立、利益衝突迴避、財產申報與交代）概要 三、心理學概要 四、財政學概要與經濟學概要※

註：應試科目後加註◎者採申論式與測驗式之混合式試題（占分比重各占50%），
應試科目後加註※者採測驗式試題，其餘採申論式試題。

各項考試資訊，以考選部正式公告為準。

千華數位文化股份有限公司
新北市中和區中山路三段136巷10弄17號
TEL: 02-22289070　FAX: 02-22289076

注意！考科大變革！

112年起
高普考等各類考試刪除列考公文

考試院院會於**110**年起陸續通過，高普考等各類考試國文**刪除列考公文**。**自112年考試開始適用**。

考試院說明，考量現行初任公務人員基礎訓練已有安排公文寫作課程，各機關實務訓練階段，亦會配合業務辦理公文實作訓練，故不再列考。

等別	類組	變動	新規定	原規定
高考三級、 地方特考三等、 司法等各類特考三等	各類組	科目刪減、配分修改	各類科普通科目均為： 國文（作文與測驗）。其占分比重，分別為**作文占80%，測驗占20%**，考試時間二小時。	各類科普通科目均為： 國文（作文、公文與測驗）。其占分比重，分別為作文占60%，公文20%，測驗占20%，考試時間二小時。
普考、 地方特考四等、 司法等各類特考四等				
初等考試、 地方特考五等		科目刪減	各類科普通科目均為： **國文刪除公文格式用語**，考試時間一小時。	各類科普通科目均為： 國文（包括公文格式用語），採測驗式試題，考試時間一小時。

參考資料來源：考選部

～以上資訊請以正式簡章公告為準～

千華數位文化股份有限公司
新北市中和區中山路三段136巷10弄17號
TEL: 02-22289070　FAX: 02-22289076

目次

第三篇 近年試題與解析

爭點考法與本書使用方法

不知道很多人是不是都會有這種經歷，當看到考卷時都有一種有似曾相識的感覺，但因為在考場緊張而想不太起來到底重點要考什麼，而在考完看到擬答後，才發覺題目考的點自己是有看過的，因而會有似曾相識之憾！

在考卷上的考點（即爭點），是命題委員將想要測試的法律爭議，包裹在實例題當中，大部分的爭議點，會在考試上一出再出，當中的原因有幾個，其一是這個爭點很重要，其二是爭點不多人能釐清、論述，其三就是爭點在實務界、學界都還在爭論階段，所以會考出來。

在爭議點後考的是法律概念，近來可能直接是一個實務發生的案例改編而來的，對改卷者而言，因為通過國家考試者，將來會是從事實務工作者，所以至少要能看到實務的見解，而有不同見解的看法，可能是學界、不同法院所採的修正式的看法或是認為定位上不同而有的爭議見解，**透過臚列見解後，最重要的還是自己認為應採取的看法以及「涵攝」入本題，最後才得出之結論**。（**★涵攝入本題的動作切勿忽略，否則改題者，會認為只是硬背各家爭議**）

本書是整理關於刑總的爭議概念及考點，特以新近的實務案例及實務見解分析來說明，也輔以學說見解加入說明；然而本書的使用方法是建議已將刑總打底過後，在「考前衝刺時」利用短短的兩個星期，將刑總上的考點反覆複習，如此必能在考場看到考題後就知道背後的考點而順利輸出！

第一篇
刑法總則

1 故意既遂犯

故意既遂犯的檢驗流程：當然前提是這必須是一個犯罪「行為」。

犯罪成立要件依照現行司法實務及通說的說法，犯罪必須經過三層的篩漏，包含構成要件是否該當、違法性及罪責性。每一個犯罪行為都必須透過上述三個篩漏來判斷，如果具有構成要件該當、無阻卻違法事由及具有罪責時，方能論以犯罪，接下來再交由法院來論罪科刑。

(一) 要件該當性

所謂的構成要件，就是立法者在設定一個犯罪時，該有哪些要件必須審核，其中包含客觀構成要件、主觀構成要件。

1. 客觀構成要件：

(1) 要素：包含許多要素，如：行為主體、行為客體、行為、行為之情狀、行為結果、因果關係、客觀歸責等內容。

(2) 要件該當性：就是法條有描述到的構成要件必須相符。

例 公共危險罪章中不能安全駕駛罪（刑法第185-3條）：

「駕駛動力交通工具而有下列情形之一者，處三年以下有期徒刑，得併科三十萬元以下罰金：

一、吐氣所含酒精濃度達每公升零點二五毫克或血液中酒精濃度達百分之零點零五以上。

二、有前款以外之其他情事足認服用酒類或其他相類之物，致不能安全駕駛。

三、服用毒品、麻醉藥品或其他相類之物，致不能安全駕駛。」

也就是行為人要「服用酒類或毒品、藥物或其他相類似之物」→「駕駛動力交通工具」→「致人於死、傷等」要件。這種就是一種成文構成要件要素，此外還會有所謂的「不成文構成要件要素」→也就是法條沒有明文規定，但是犯罪行為成立必須要有的要件，譬如：「必須具有因果關係」。

2. 主觀構成要件：強調行為人在犯罪時的心理意識，也就是故意、過失等要素。但是有的罪會有所謂的特殊的「主觀不法意圖」。

(二) **違法性**

假設一個犯罪行為已經經過構成要件的篩漏了，就可以說是已經具備了違法性，但是這是形式上推知的，那是否有所謂的阻卻違法事由，就必須在個案去判斷。阻卻違法事由包含，是否為依法令之行為、業務上正當行為、正當防衛、緊急避難等。→這當中包含了「實質違法性」與「形式違法性」之探討，這在之後的章節中會提出當中之差異！

例 當一個行為人A偶遇之前因為行車糾紛的仇人B，B也目露兇光，A看到了B加速對衝時，A遂拾起身邊的大石頭丟向B，剛好砸到B的小腿，B的小腿因此而受有挫傷。當然A有可能會論及傷害罪，但是A如果沒有去制止B的衝撞行為，也許受傷的就是自己，所以A可主張是因為有阻卻違法事由：有正當防衛事由，所以只要防衛不過當時，可以阻卻違法（亦即不具違法性）。

(三) **罪責性**

一個行為經過了構成要件、違法性的篩漏後，再來就是進入罪責性的判斷。所謂具有罪責，就是行為人在行為當下是否知道這個是具有非難或是非難的可能（也就是知不知道這是一個不對、不法的行為）。這當中包含罪責能力、不法意識、期待可能性、是否具有減免事由等。

因為假使一個欠缺責任能力之人有不法行為時，因為在當下他根本不知道或是不能期待他可能知道這個行為是不法的，如果要刑法去制裁他，這個就與刑法設立的意旨不同。

以上就是一個犯罪行為的檢驗流程，當中涉及到幾個很重要的爭點，將在本章中一一說明。

主題1 構成要件該當性

爭點

1 何謂「具有因果關係」、「檢驗因果關係的方式」為何？

首先，所謂的因果關係，指的就是犯罪行為與結果之間必要的原因與結果的支配或連鎖關係，結果與行為間必須要具備此種因果上的關聯性，行為人才負犯罪之既遂責任；否則，縱然行為已經實施，但最終之結果並非行為所造成，行為人頂多負擔未遂責任而已。

(一) **條件理論**

這個理論，相信在刑法的教科書一定會提到！也就是「系爭行為與結果不可想像其不存在之條件」，簡而言之，也就是假若沒有這個行為，但是仍然能發生這樣的結果，那這個行為就不是必然導致結果發生的必要條件，兩者間就欠缺因果關係。但這樣的理論仍然會有被詬病的地方，那就是可能的「條件」太多了。

(二) 相當因果關係說

這個在《實務、案例一次整合！地表最強圖解刑法（含概要）》一書（在因果關係的地方）亦有提及到相關的概念，就是透過「**事後的檢驗角度**」來評斷到底是什麼樣的行為才是直接導致結果的發生。例 A認為B很可惡，但是苦無他法一直無法下手，直到有一天，B的另一個仇敵C看到B靠近河邊，結果推了B一把，B遂跌入河中一直掙扎、呼救，此時A也有在現場附近，聽到B的呼救，但是A想說不理他，之後可能會有人救他，但是後來B因為溺水而死。如果透過條件理論來看，A的不作為、C的推B行為，都可能是B死亡的條件。但是從相當因果關係說來看，就會認定是C的行為導致B死亡。

當然，看起來是直接、理所當然，進而判斷出真正直接、導致的條件因素，這都是從事後的角度去論究，所以實務見解就是以此為判斷標準（參下見解）。但是被學界詬病的地方就是相當因關係說沒有就結果原因與結果歸責做出區分，而直接予以認定，所以所謂的「相當性」標準，似乎欠缺說理。

實務加油站

最高法院76台上192號判決（例）

刑法上之過失，其過失行為與結果間，在客觀上有相當因果關係始得成立。所謂相當因果關係，**係指依經驗法則，綜合行為當時所存在之一切事實，為客觀之事後審查，認為在一般情形下，有此環境、有此行為之同一條件，均可發生同一之結果者，則該條件即為發生結果之相當條件，行為與結果即有相當之因果關係。**

反之，若在一般情形下，有此同一條件存在，而依客觀之審查，認為不必皆發生此結果者，則該條件與結果不相當，不過為偶然之事實而已，其行為與結果間即無相當因果關係。

(三) **條件說+客觀歸責理論**

此種看法為**學界多數說**，也就是先釐出「**可能導致結果發生的條件」，再透過客觀歸責理論去分析**，而當中的分析方式為：

1. **是否製造一個法所不容許的風險**？
2. **風險是否此而升高**？
3. **是否為構成要件效力範圍內**？

透過以上的一個判斷標準，就可以得出真正導致結果的行為（條件）。

實務加油站

最高法院108年台上字第3842號刑事判決

提出：「關於有無因果關係之判斷，固有各種不同之理論，**採『相當因果關係說』者，主張行為與結果間，不僅須具備『若無該行為，則無該結果』之條件關係，然為避免過度擴張結果歸責之範圍，應依一般經驗法則為客觀判斷，更須具有在一般情形下，該行為通常皆足以造成該結果之相當性，始足令負既遂責任。但因因果關係之『相當』與否，概念欠缺明確，在判斷上不免流於主觀**，且對於複雜之因果關係類型，較難認定行為與結果間之因果關聯性。**晚近則形成『客觀歸責理論』，明確區分結果**

原因與結果歸責之概念，藉以使因果關係之認定與歸責之判斷更為精確，『客觀歸責理論』認為除應具備條件上之因果關係外，尚須審酌該結果發生是否可歸責於行為人之『客觀可歸責性』，祇有在行為人之行為對行為客體製造法所不容許之風險，而該風險在具體結果中實現（即結果與行為之間具有常態關聯性，結果之發生在規範之保護目的範圍內），且結果存在於構成要件效力範圍內，該結果始歸由行為人負責。因之，為使法律解釋能與時俱進，提升因果關係判斷之可預測性，應藉由『客觀歸責理論』之運用，彌補往昔實務所採『相當因果關係說』之缺失，而使因果關係之判斷更趨細緻精確』。

從上述的最高法院見解，就代表最高法院也漸漸開始認為，相當因果關係說的看法：「所謂的相當與否，概念欠缺明確，在判斷上不免流於主觀」，而認同**學說**所倡導的：「條件說+客觀歸責理論」的判斷模式，可以彌補往昔實務所採之相當因果關係說之缺失，而使因果關係之判斷更為細緻！

因此假若題目考出這樣的爭點時，如果是單純的申論題，就可以將上述的理論提出，最後可以在結論上表示「因為相當因果關係說有其缺失、論證過於主觀，而**學說**所採之：條件說+客觀歸責理論較為可採，因其判斷模式更為精緻精確，且晚近**實務見解**亦開始更動採取此種判斷模式，故吾從之。」

精選例題

甲與乙為鄰居，由於乙所養之狗經常亂吠，故兩人時有爭執。某晚，乙之狗又狂吠擾人清夢，甲便至乙家按鈴理論。由於乙堅持不道歉，在盛怒之下的甲便拿起路邊石頭猛擊乙的頭部，欲置其於死地。乙的頭部遭石頭重擊後鮮血直流，隨即由其家屬叫救護車送醫急救。乙雖被石頭重擊頭部，但傷勢並未嚴重到致死的程度；然因救護車司機丙在出勤前飲酒，故在駕車時闖紅燈不慎撞上一輛大卡車，並導致救護車起火燃燒，乙便因而活活被燒死。試問甲觸犯刑法上何罪名？

破題關鍵

(一) 本案甲是有致人於死之故意而猛擊乙的頭部，但是乙的頭部傷並未嚴重到致死的程度，乙的死亡原因是因為救護車司機飲酒，駕車撞擊到大卡車並起火燃燒所導致乙死亡。

(二) 因此，就前所述的因果關係理論，用在本題上來說，可以用實務上所採的「相當因果關係說」，也可以用「條件理論+客觀歸責理論」來論述，最後檢驗結果都會相同。使用**學說**所採的「條件理論+客觀歸責理論」來檢討較細緻、精確，相較於相當因果關係理論，則有論證上較為跳躍、過於主觀之缺失，且再指出，現行**實務**也逐漸採取條件理論+客觀歸責理論來替代相當因果關係說。

圖解小教室　前置的問題：必須是「刑法上」的行為

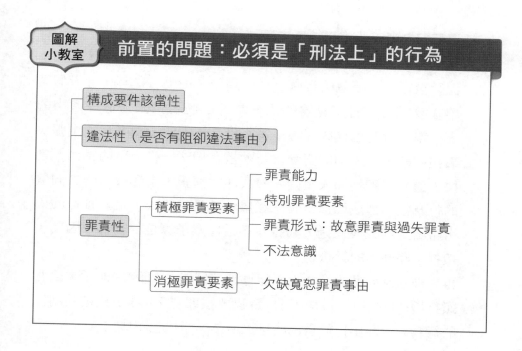

- 構成要件該當性
- 違法性（是否有阻卻違法事由）
- 罪責性
  - 積極罪責要素
    - 罪責能力
    - 特別罪責要素
    - 罪責形式：故意罪責與過失罪責
    - 不法意識
  - 消極罪責要素
    - 欠缺寬恕罪責事由

爭點

❷ 什麼是刑法該處理的行為？

(一) 必須是出自於人的舉止

什麼意思呢？也就是這個被檢討的行為是由人所做出來的，而並非是自然現象或是動物所造成的。舉例來說，今天假使有一隻狗（來福），牠在牠的地盤待著，其實屋外就有牌子寫著「內有惡犬，請勿靠近！」的警語，但是甲不信，於是走得很接近該屋，於是來福就衝出來咬著甲，於是甲受有撕裂傷，甲可以對來福說，你咬傷了我，所以我要告你（來福）傷害罪嗎？答案就是不可能，因為這是一種動物的行為，已經不是刑法所要管的範圍了。

(二) 這個行為須受「意思」所支配

這個要件就是，假使未受到意思所支配的行為就不算，例如：泥醉後行為、夢遊的行為、反射動作、衝動行為等，今天假若甲在夢遊時，打了身邊的乙一拳，乙能否主張這個夢遊中的「一拳」行為也構成傷害？答案仍是不行的，頂多只能主張民事損害賠償。所謂的衝動行為就是在刑法一書所舉的案例，當婦人遇到了鞭炮衝入車內，婦人非常緊張、驚嚇後扭轉方向盤的行為後，造成衝撞當時正在舉辦活動的路人，這些被撞的人可否認為婦人成立過失傷害罪？這件案子算是很經典，因為後續打了好幾年的訴訟。

再來被強制而做的行為也不能算是，例如：A抓著B的手去丟石頭打破C的窗戶，這樣B可以論以毀損罪嗎？因為B是被強制後的行為，而非出自於自己的意思所為，所以也不成立。

(三) 該行為必須對他人法益造成侵害

也就是假若沒有對法益造成侵害的行為，也非刑法所要管的範圍。

精選例題

甲乙分租同一公寓的兩房。一夜，甲睡前服用安眠藥，不意發生夢遊現象，恍兮惚兮開啟乙的房門，用力捶打睡夢中的乙。乙驚醒喝斥，甲則毫無所感，木然呆立。乙亮燈，發現鼻梁受到捶打，血流不止，盛怒之下，猛力打向甲的臉部。甲受重擊，卻依然呆立未應；少頃，悠悠醒來，發現臉部受傷腫脹。甲乙互提傷害告訴，審理中，鑑定人指出，甲所服安眠藥有導致夢遊的副作用；乙則主張正當防衛。問甲乙是否有罪？　【101年軍法官】

破題關鍵

本題的重點在於甲發生夢遊現象，而當時夢遊的甲打到乙的行為，是不是一種具有刑法意義的行為？參照前述的說明，自然會得出甲夢遊所為之行為不具有刑法意義的行為，故不會成立傷害罪的作為犯。而乙的部分，乙雖然是先被甲所毆打，但是題目所述：乙知道甲是「木然呆立」，所以乙能不能直接主張正當防衛？而在正當防衛的檢討下，甲已經完全停止攻擊，也無持續性攻擊行為，所以此時乙再行攻擊時，就不能主張是正當防衛行為。

主題2 違法性

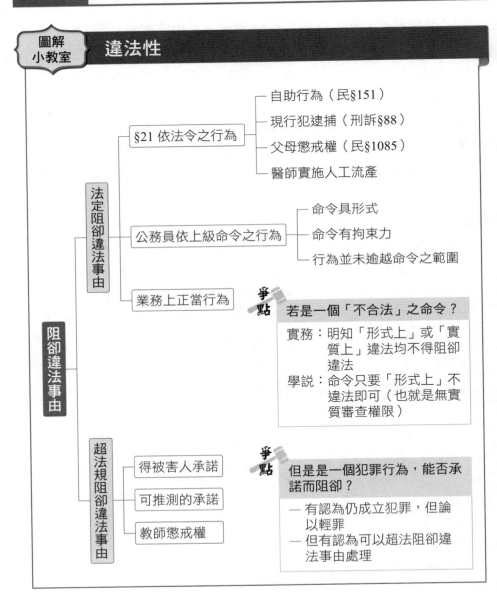

圖解小教室 違法性

- 阻卻違法事由
  - 法定阻卻違法事由
    - §21 依法令之行為
      - 自助行為（民§151）
      - 現行犯逮捕（刑訴§88）
      - 父母懲戒權（民§1085）
      - 醫師實施人工流產
    - 公務員依上級命令之行為
      - 命令具形式
      - 命令有拘束力
      - 行為並未逾越命令之範圍
    - 業務上正當行為
  - 超法規阻卻違法事由
    - 得被害人承諾
    - 可推測的承諾
    - 教師懲戒權

爭點　若是一個「不合法」之命令？

實務：明知「形式上」或「實質上」違法均不得阻卻違法

學說：命令只要「形式上」不違法即可（也就是無實質審查權限）

爭點　但是是一個犯罪行為，能否承諾而阻卻？

— 有認為仍成立犯罪，但論以輕罪

— 但有認為可以超法阻卻違法事由處理

爭點

1 正當防衛──現時不法之侵害

在正當防衛的規定（第23條）：「現時不法之侵害」，所謂的「現時」到底指的是什麼時點？基本上，這是一個概念，**實務見解**認為：只要是侵害已經開始了（**已經著手時**），而且侵害持續進行中，這就算是一個現時不法的侵害。也就是說，只要在這個區間內，主張排除侵害的行為，就是正當防衛。

學說見解則有認為，這樣寬鬆的論述，可能有放大主張正當防衛的可能性，故認為要改以「有效性理論」，這是什麼意思呢？也就是學說見解認為當侵害發生的時候，已經到達防衛者最有效的防衛時間點，假若超過，防衛者可能就沒辦法達到防衛的目的，又或者開始必須承擔風險，或者必須付出額外之代價。

實務加油站

1 最高法院107年度台上字第2968號判決（傷害致死案）→經編選為具參考價值裁判

判決要旨：「(一)正當防衛係屬遭受他人現在不法侵害時所得主張之權利行為，此等權利之行使亦受到『權利不得濫用』之一般法律原則所限制。若行為人所遭受之現在不法侵害係因可歸咎於行為人自身之行為所導致，且行為人本即能預見自身行為可能導致侵害之發生時，為免濫用正當防衛權，暨基於所防衛的法秩序必要性較低之考量，其防衛權自應受到相當程度之限制。亦即此時行為人應優先選擇迴避所面臨之侵害，**僅在侵**

害無迴避可能性時始得對之主張正當防衛。(二)潘〇宇與陳〇中因毒品交易發生爭執，潘〇宇持槍朝陳〇中擊發空包彈數次後，即騎機車離開現場，被告3人即由劉〇弘駕車在後高速追逐，企圖將潘〇宇攔停質問。縱使潘〇宇見被告3人所駕車輛即將追上而有疑似掏槍並作勢開槍之動作，被告3人對此應可先予以迴避，究不得於未有任何迴避之情形下，逕自實行『防衛之行為』。**而以案發當時客觀情狀，被告3人僅需減速放棄追逐即可立即迴避潘〇宇之反制行為，其等捨此不為，反以高速衝撞潘〇宇所騎機車，使其人車倒地而傷重死亡，自無所謂正當防衛或誤想防衛可言**。」

2 最高法院107年度台上字第2071號判決（精神病重傷害未遂案）→經編選為具參考價值裁判

判決指出：「刑法第23條規定之正當防衛要件，以遇有現在不法之侵害，始能成立，如不法侵害已過去，或預料有侵害而不法侵害尚未發生，則其加害行為，自無正當防衛可言。而所謂誤想防衛，乃事實上本無現在不法之侵害，誤認為有此侵害之存在而為正當防衛，並因而實行行為者。此種誤想中之不法侵害，仍須具有現在性、急迫性、迫切性，即法益之侵害已迫在眉睫，始足成立，倘誤想中之侵害並無已開始之表徵，不致有所誤認，而係出於行為人幻覺、妄想，或主觀上憑空想像，即無誤想防衛之可言。**上訴人雖主張其攻擊丙〇〇〇、乙〇〇2人，有正當防衛或誤想防衛之情形，惟原判決綜合證人丙〇〇〇、乙〇〇、丁〇〇、莊艾妮之證詞，卷附現場照片、診斷證明書、傷勢照片，及案內其他證據資料，記明上訴人在住**

> 處樓梯口偶遇丙○○○、乙○○等人，即出言質問是否要找其麻煩，並揚稱『我殺過很多人，不差你們幾個』等語，便持原子筆攻擊丙○○○、乙○○2人，並非是對於事實上或誤想中之現在不法侵害，出於防衛自己之反擊行為，即無正當防衛或誤想防衛可言等旨綦詳，與卷證資料核無不合，要無判決理由矛盾、適用法則不當之違法可言。」

本則判決指出，現時不法侵害要具有急迫性、迫切性，即法意之侵害已迫在眉睫。假若是自行幻想、妄想者，就沒有所謂的正當防衛可主張！

NOTE

精選例題

甲女與丈夫乙情感不睦。乙每遇心情不佳之時，即對甲辱罵與拳打腳踢。長期以來，由於畏懼身材魁梧的乙會對自己施以更嚴重的暴力行為，甲對乙的拳打腳踢行為總是逆來順受，不加反抗。但長年累月折磨下，甲的身體與精神都已瀕臨崩潰。甲雖有帶小孩離家的念頭，但因本身無謀生能力，也無可依靠之親友而作罷。某日，乙於酒後對甲丟擲碗筷，不過，乙的控制能力因酒精作用受到影響，甲順利躲過此攻擊，但卻惹怒了乙。為了阻止乙繼續施暴，甲在乙起身時順手拿起桌上水果刀在乙面前喝阻乙，乙不怕仍要衝過來打甲。甲在驚慌之餘，朝乙胸前連續刺了數刀，致乙流血不止昏迷倒地。雖經甲緊急送醫急救，乙仍因左胸腔刺創大出血，不治死亡。試問：甲之刑責？

破題關鍵

這個例題是改編自當年一個新聞案例，當時法院的判決先是考慮到有沒有正當防衛的情狀？也就是刑法第23條規定：「現時不法之侵害」，而當時案例也是跟題述一樣都是乙夫喝酒醉了，而且甲也是因為乙夫有「長期施暴」的情況，所以最後法院認為甲女能主張正當防衛，但是最後集中討論的是正當防衛有無過當的問題？

因此以本題來說，在構成要件上，客觀上，甲女以刀刺乙，是直接造成乙死亡的因素，兩者存有因果關係及客觀歸責，主觀上，甲女知道其所為可能導致乙死亡的發生，故主、客觀構成要件該當。在違法性：甲女能不能主張正當防衛？有沒有現時不法之侵害？可以提到乙長期家暴，甲、乙之間身型、力量相差太大，所以乙若發動攻勢，甲勢必無法阻擋，所以甲是存有現時不法之侵害。

但是，當甲刺下第一刀時，能不能阻止乙？或是說一定要刺數刀才能阻止乙，此部分題目未敘明，所以可以假設一下，如果甲刺第一刀時就能有效時，那後面的幾刀就會是過當，若是刺一刀、二刀、好幾刀都不一定能將乙阻擋，那甲的行為並不過當，故能予以阻卻違法，而不成立殺人罪，反之，則成立殺人既遂罪，但是因為防衛過當得減輕其刑。

NOTE

圖解小教室 正當防衛

若存有一個攻擊出現時：

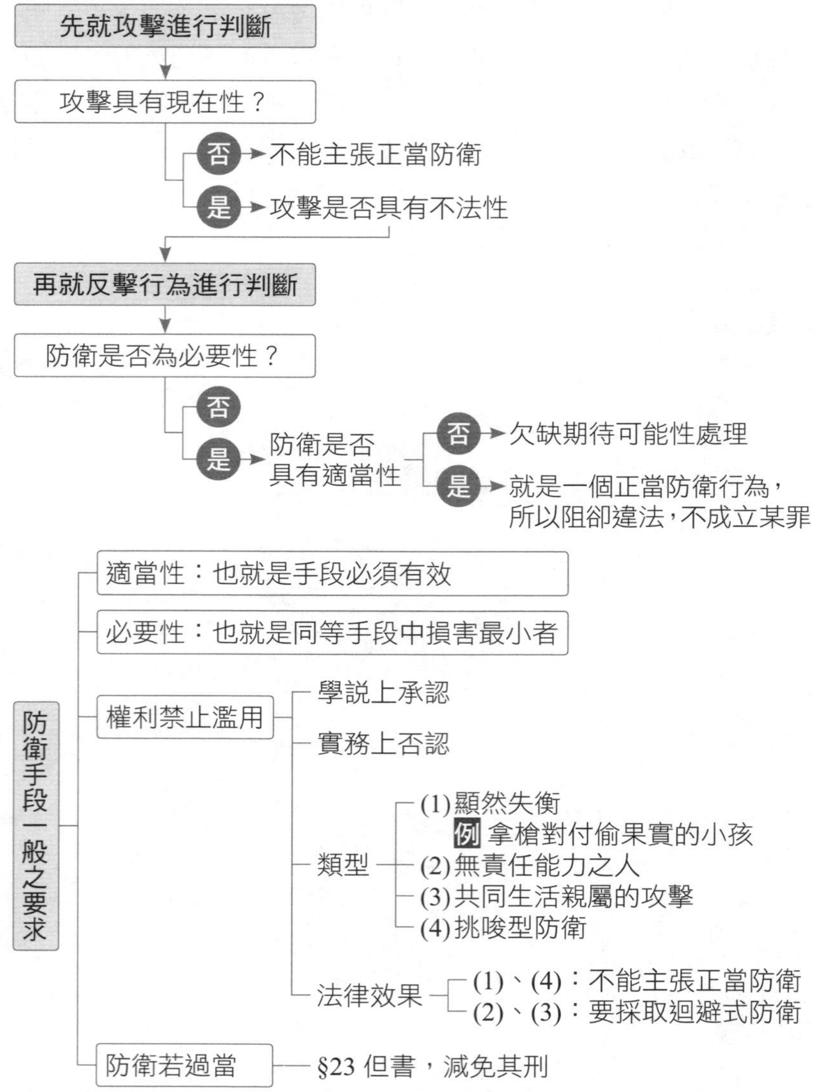
先就攻擊進行判斷
攻擊具有現在性？
否
不能主張正當防衛
是
攻擊是否具有不法性
再就反擊行為進行判斷
防衛是否為必要性？
否
是
防衛是否
具有適當性
否
欠缺期待可能性處理
是
就是一個正當防衛行為，
所以阻卻違法，不成立某罪
防衛手段一般之要求
適當性：也就是手段必須有效
必要性：也就是同等手段中損害最小者
權利禁止濫用
學說上承認
實務上否認
類型
(1)顯然失衡
例 拿槍對付偷果實的小孩
(2)無責任能力之人
(3)共同生活親屬的攻擊
(4)挑唆型防衛
法律效果
(1)、(4)：不能主張正當防衛
(2)、(3)：要採取迴避式防衛
防衛若過當
§23 但書，減免其刑

爭點

❷ 對於不法之侵害是否「皆能」以此主張正當防衛？

在這個地方，必須強調一下**通說**的見解認為：對於無責任能力者之侵害、攻擊行為，須採取合宜性的手段，也就是不能認為有正當防衛得主張而毫無限制。譬如，假若一個小孩子拿著一小刀一邊對著你揮舞、一邊笑，你可以採取把他手中的刀拍掉或是奪取，而非採取攻擊式手段。

（**以上補充一下，也有認為這種不法的侵害，不能主張正當防衛，僅能主張緊急避難。**）

爭點

❸ 防衛手段的把守原則為何？

這個爭點的意思就是正當防衛是不是就能無限制手段？譬如：甲遇到某醉漢乙，乙拿著一把刀要甲把身上的錢通通拿出來，甲能採取什麼樣的手段？把乙揍一頓、把乙手中的刀打掉還是自己也拿起磚頭跟乙對打？

當然正當防衛的想法就是「以正對不正」，但是不是還要遵守最小侵害原則？這個倒也不需要，但是**實務見解**認為：可以採取防衛手段，「**但是在於排除不法侵害而不以超越必要的程度**」，也就是說，以上例而言，甲把乙的刀打掉就足夠了，當然在打掉的過程中可能有部分的攻擊行為，所以成傷的機會是有的。但是不能說，打掉乙的刀後，覺得看乙不舒服，再把乙打一頓（**這個部分就不能主張是正當防衛了！**）

在《實務、案例一次整合！地表最強圖解刑法（含概要）》一書中其實舉了當時很有名的案子：勇夫護孕妻案，這當中其實就有表述到正當防衛該守的界線在哪裡，但是許多人不知道詳情，所以認為正當防衛是沒有所謂的限制，也造成網路上批判聲很多。

正當防衛雖是以正對不正，但是仍需要有適當性、必要性、衡平性原則（但是衡平性原則上不需要，被認為需要的是有個合理、合宜的程度）

實務加油站

最高法院105年度台上字第1228號判決（武士刀殺人案）

指出：「原判決對於上訴人僅承認上揭客觀作為，而矢口否認故意殺人，並以防衛過當為辯乙節，則以兇案縱然非出於直接故意，但依上情綜合判斷，仍屬間接故意；現場遺留的保力達瓶，瓶口處雖然塞有衛生紙，但只有輕微燒焦痕跡，尤其瓶內所裝液體不明，未嗅得可疑揮發性刺激氣體味道，有上揭警製現場勘查報告足憑，可見（充其量屬一般所稱的『詐彈』，既無危險，更未見實害）**無所謂正遭受被害人進行不法侵害的情形存在；衡諸上訴人原非無充裕的時間，大可和被害人交談、理論，甚或趁機奪下被害人手中瓶子，或撥開該物，乃竟以高舉過肩方式，猛揮長而銳利的武士刀，砍向腹部，而非手部，自難認符合正當防衛要件或防衛過當情形**。至於犯後囑請楊三郎叫救護車乙情，僅可證明被告並無堅決奪取被害人性命的直接故意，然並不影響其係具有間接殺人犯意之認定」。

精選例題 1

甲警察於某路段執行臨檢盤查，乙為通緝犯，開車經過該路段，遭甲攔停要求接受檢查。乙停車受檢時，擔心自己通緝犯身分被發現，用力踩下油門，欲衝撞甲，在快要衝撞到站在車子前方的甲之際，甲立即持手槍朝擋風玻璃射三槍，子彈貫穿玻璃射中乙的頭部。乙雖送醫急救進行手術，術後仍呈現認知障礙，語言能力嚴重減損與四肢肢體障礙之情形。試問：甲之行為如何論罪？　【108年地特法制】

破題關鍵

(一) 本題考的爭點就是是不是有正當防衛的適用。當乙通緝犯遇到臨檢時，重踩油門衝撞警員甲，此時確實是有第23條正當防衛的要件：現時、不法之侵害。故警員甲可採取正當防衛的行為。

(二) 但是有問題的是，甲對擋風玻璃射三槍的行為造成乙頭部受重傷，是不是仍能主張正當防衛？正當防衛就是以正對不正，所以除非是顯不相當的利益衝突（譬如：有小孩來偷拿果園水果，卻用槍防禦之情形），否則毋須考量。而且在當時的情形（乙以高速衝撞甲），甲使用手槍對擋風玻璃射擊會是有效的防衛行為，故仍能主張正當防衛而阻卻違法。

精選例題 2

甲為防止偷車賊，於車庫上方設置機關，如有人偷車誤觸機關則石頭將落下。某日，小偷乙果然上門偷車，被石頭落下砸中一眼失明。請問甲是否要對乙失明的結果負刑事責任？
如果是在附近玩球的丙，為撿球誤觸機關致自己失明，答案是否不同？【101年司法四等書記官】

破題關鍵

失明是不是重傷害？甲的預防性設施，能不能主張是一種正當防衛？有沒有防衛過當之情形？以上都是本題需要討論到的點。

NOTE

爭點

4 互毆、報復行為能否主張正當防衛？

互毆行為，就是雙方都彼此有了攻擊對方的故意，只是分在一同或是前、後攻擊行為而已，所以此種情形顯然不符正當防衛的概念，故不能主張之。

實務加油站

最高法院30年度上字第1040號判例（傷人致死案）

正當防衛必須對於現在不法之侵害始得為之，侵害業已過去，即無正當防衛可言。至彼此互毆，又必以一方初無傷人之行為，因排除對方不法之侵害而加以還擊，始得以正當防衛論。故侵害已過去後之報復行為，與無從分別何方為不法侵害之互毆行為，均不得主張防衛權。

爭點

5 挑唆型防衛能否主張正當防衛？

簡單來舉例：甲遇到了仇人乙，而乙早想打甲一頓了，但是想不到方法，於是他聽說「正當防衛」這個東西，於是他就想到了妙計。有一天乙故意去甲的地方去偶遇甲，果不其然遇到甲，乙遂對甲罵了幾句「髒話後」就表示你有種來打我，果然甲覺得受辱，遂開始追打乙，乙就開始拿出預備好的小球棒，對甲一陣毆打，試問，乙能否主張正當防衛？

以上舉例的概念就是「挑唆型防衛」，**這種實務見解認為是可以主張的**（可以參考下面的判決）。但是在學者的想法**則要區分「意圖式」、「非意圖式」挑唆而不同，如果是意圖式挑唆，就不能主張；而假若非意圖式，則可以主張**。所以從上例觀之，行為人乙是屬於意圖式挑唆，也就是從頭到尾要去挑釁甲的，因此就學者見解，意圖式挑唆就不能主張正當防衛。

當然司法實務在慣例上，對於這種意圖式挑唆，雖認為可以主張正當防衛，但是最後還是會依照犯罪的動機、目的、手段、是否受到的刺激等再去衡量，因此這個部分最後會由法院考量量刑因子而判斷之。

實務加油站

臺灣高等法院108年度上易字第1498號判決（挑唆傷害案）

被告確有如告訴人所指述先為言語或推告訴人之挑釁行為，告訴人才出手攻擊被告，進而發生肢體衝突。**此種利用他人情緒或認知上的特別狀況，事前挑動他人，使其不法侵害防衛者，然後防衛者再對之正當防衛，學說上稱類似情況為「挑唆防衛」或「挑撥防衛」。惟最高法院實務見解向以為，正當防衛祇以基於排除現在不正侵害者為已足，其不正之侵害，無論是否出於防衛者之所挑動，在排除之一方仍不失其為防衛權之作用**。有學者指出，**倘若挑唆者在並非有意透過正當防衛情境以規避刑責，而是其事前有言語或行動引起被挑唆者的不法侵害之「非意圖式挑唆防衛」類型，由於挑唆者並無直接參與他人不法侵害的明確意思，**

不應要求挑唆者擔負與有責任，此種非意圖式挑唆者仍得主張不受限制的防衛手段（參見許恆達，正當防衛與挑唆前行為，月旦刑事法評論，2016年9月，第127頁）。**更有學者不欲區分意圖或非意圖式，認為只要被挑唆者的侵害行為是不法有責的侵害行為，即使挑撥者的挑撥行為是不禮貌或不道德的行為，挑撥者依然可以行使正當防衛**（參見黃榮堅，基礎刑法學(上)，2012年3月，4版，第251頁）。

爭點

6 緊急避難的要件為何？

緊急避難的規定在刑法第24條，而其要件包含：

(1) 危難的存在。

(2) 危難是緊急。

(3) 避難行為是客觀必要的，而且並不過當。

(4) 要有避難的意思。

避難行為如何不過當，就是從以下三種原則來看：

(1) 適當性：也就是客觀上是有效避免或是降低。

(2) 必要性：也就是這個手段是相對侵害較小的。

(3) 衡平性：必須通過利益衡量以及手段相當原則。

爭點

7 緊急避難與正當防衛的距離？

這是一個很重要的問題，因為正當防衛與緊急避難都可以算是一種防衛的行為，但是如果都是防衛行為，為何要訂出兩條規定。因為正當防衛就是「正」對「不正」行為，但是緊急避難就不是正對不正，而有可能自己就是「不正」者。

譬如：甲在家煮麵，結果臨時外出5分鐘，但是回來時突然發覺家裡鍋子正燒起來了！所以甲一時心急看到乙手上拿著一隻掃把，就搶來進入屋內把火打滅。此時甲奪走乙地掃把行為，就會是一種緊急避難。

實務加油站

臺灣高等法院110年上訴字第132號刑事判決（家暴殺人案）

按刑法第23條之正當防衛，係以對於現在不法之侵害，而出於防衛自己或他人權利之行為為要件，因之正當防衛，必對現在之不法侵害，始能成立。所謂現在，乃別於過去與將來而言，此為正當防衛行為之「時間性」要件，過去與現在，以侵害行為已否終了為準，將來與現在，則以侵害行為已否著手為斷，故若侵害已成過去，或預料有侵害而侵害行為尚屬未來，則其加害行為，自無成立正當防衛之可言。又刑法第24條所稱緊急避難，亦應以「現在」之危難為要件，解釋上應係指迫在眼前之危難，倘危難來源係人為所致，而該人尚未著手於製造不法侵害或危難之行為，亦應與緊急危難之要件不符。

本案重點

1. 正當防衛就是正對不正（不法）而防衛的行為。
2. 所謂的「現在」不法之侵害就是指現在進行中仍未結束的才算。
3. 所謂的侵害行為，要以是否「著手」來判斷。→這就是**實務**的見解，會與**學說**見解不同。
4. 要主張緊急避難行為必須危險來源「不是人為所致」的。又假使該人未著手於製造危難行為，也還是不能主張緊急避難！

NOTE

精選例題

甲、乙一同到墾丁海邊租用香蕉船遊玩，當二人駕駛香蕉船來到海中間，突然一陣大浪打翻香蕉船，導致船體翻覆，二人同時落海。兩人均未穿救生衣，但乙在落海時緊急抓住船上浮板一塊，甲見到乙有浮板可抓，從乙的後方游泳靠近，然後趁乙不注意時，從後奪取浮板。乙因浮板被奪，在海上掙扎一陣子，最後仍不幸溺斃，甲則自己游上岸獲救。試問：甲之行為如何論罪？

破題關鍵

本題的考點就是是否存在緊急避難之情狀？當時的舉措是否合乎衡平性？

因為甲、乙遇到的不是人為所致，而是一種大自然的狀況，所以不會是正當防衛，而是應該討論緊急避難。因此甲搶走乙的浮板行為是否成立第271條的殺人既遂罪。客觀上，甲的行為與乙的溺斃結果具有因果關係及客觀歸責；而主觀上，甲雖非明知有意之直接故意行為，但是能預見搶了浮板乙可能死亡的結果，故亦具間接故意。

而違法性上，不屬於正當防衛的情形。甲因為出於救助自己的生命法益、且主觀上亦出於避難之意思，而當下確實只有這個手段具有效性。但是再從衡平性來檢驗，甲乙都是生命法益，所以未見有利益衡平的情形。可以假設一下，甲、乙如果能共用一塊浮板，那甲奪走乙的浮板所為，就有避難過當之問題；但如果就是只能容納一個人，甲也只有這種辦法來避難，甲避難應無過當。

最後，在罪責上，依第24條規定予以免除或減輕其刑。

爭點

8 緊急避難——自招危難行為能否主張？

這個爭點就有點像是前面所提到的挑唆型防衛。然而在這裡，危難行為是自招的，譬如：甲明知道乙養的狗很兇，但是甲又很想去找個機會去欺負這一隻大狗，於是有一天甲「預謀」拿出小石頭去丟乙的狗屋，這隻大狗覺得有人攻擊，於是衝出來要咬甲，甲遂拿出已經預備好的棒球棍打這隻大狗，乙發現時，乙的大狗已經受傷了，甲表示這是乙的狗攻擊他而主張這是避難行為。

這種情形是行為人預謀要利用緊急危難狀態來伺機犧牲他人之利益，所以是一種故意招致危難，所以不能主張是緊急避難行為。

實務：自招危難是不能主張緊急避難，因為無異是鼓勵因過失即將完成犯罪之人，轉而侵害他人，並非是緊急避難立法之本意，因此採取否定之見解。

學說：假若是故意型的自招危難，是不能主張緊急避難，因為是一種權利濫用。但假若是過失型自招危難，則與故意不同，而可以主張緊急避難。

精選例題

甲隔壁新搬來的鄰居A養有一隻小狗，名叫Lucky，A經常帶著Lucky出外散步，甲多次遇見，覺得Lucky嬌小玲瓏，極為可愛，狀似溫馴，越看越喜歡。某日甲回家時，看見Lucky孤伶伶地被栓在鄰居門口前，好像被主人處罰，心感不忍，便拿出零食給牠吃，並伸手逗弄。熟料Lucky突然獸性大發，猛力咬住甲的手指頭不放，由於一直無法掙脫，疼痛難忍，甲情急之下，將Lucky抓起，往牆壁用力砸了好幾下，Lucky當場斃命，甲的手也血流如注，趕緊自行到醫院就醫。問甲之行為應如何論罪？ 【102年地特三等】

破題關鍵

從前述的內容來看本題，甲對於Lucky逗弄之行為導致狗獸性大發而咬甲之手指，最後甲砸死了Lucky之行為是不是成立刑法第354條毀損罪？而本題的爭點就是在於自招危難可否主張緊急避難？所以建議照著T→R→S三段論法，然後在違法性討論自招危難的爭點，臚列出**實務**及**學說**的見解，涵攝入本題後，提出自己認為哪一個說法有理由即可。

主題3　罪責

爭點 1　不法意識

所謂的不法意識規定在第16條，除了有正當理由而無法避免者外，不得因為不知法律而主張免除刑事責任。也就是說故意為之者，就是具有不法意識，而行為人對於構成要件之事時有所認識，進而去實現不法構成要件，在沒有阻卻違法事由且具有罪責能力下，這樣的行為就是不法行為。不法意識是以罪責來判斷的要件，當然有或無不法意識，必須透過主張或視個案來判斷之。

爭點 2　排除或減輕罪責事由

(一) 阻卻罪責事由：也就是行為符合構成要件該當+無阻卻違法事由存在，但是阻卻刑罰事由在總則，可在第26條（無危險的不能未遂）看到，其他的阻卻刑罰事由則會散落在分則處，例如：第310條第3項的誹謗罪，若能證明誹謗事由為真實則不罰；抑或是在第294條之1的遺棄罪中，若行為人因為特定事由而未能救助無自救力之人而設有不罰之規定。

(二) 減輕罪責事由（或稱寬恕罪責事由）：

這主要建立在一個想法「**因為特定情況下，無法強求行為人或是這樣的行為人值堪憫恕**」，所以予以減輕之。例如：緊急避難過當、不可避免的禁止錯誤等。例如：甲面臨到黑道份子乙拿槍抵頭，要求甲將丙推下樓，但甲跟丙無冤無仇，實在無法下手，而乙再說到若不依從就要將槍口對準甲的女兒，甲就將丙推下樓了。在這個情形下甲是衡量自己跟女兒的生命法益，而犧牲了丙的生命，當然兩者都是生命法益，沒有誰高誰低的問題，但是基於無期待可能性下，可以成立「**寬恕罪責**」的緊急避難。

但這個部分在法條確實未有規定，所以只能「**實務**」上是依第24條緊急避難過當來處理，然而在「**學說**」的見解認為是一種寬恕罪責的緊急避難。

此外還有在第162條第5項的近親便利脫逃罪、第167條、第324條第1項的近親竊盜罪等，都是建立在特定親屬上而「欠缺期待可能性」。

在不可避免的禁止錯誤上，實務的見解認為要區分是否為不可避免的違法性錯誤，如果是，才有免除刑事責任。但是非屬無法避免者，則不能阻卻犯罪的成立，但可以視個案情節而酌減之。然而在實務上能夠主張免除的機率很低，因為實務認為人民本有知法守法之義務，即便不清楚，也可以透過諮詢及各種資訊來獲知。

實務加油站

臺灣高等法院104年度上訴字第1789號刑事判決（偽造文書案）

行為人對於構成犯罪之事實，明知並有意使其發生者，為故意，刑法第13條第1項定有明文。是故意之成立，以對犯罪構成事實有所認識且有實行之意願為已足，至不法意識並非故意之構成要素，縱違法性認識有錯誤，亦應循違法性錯誤之法理解決，不生阻卻故意成立之效果。再按除有正當理由而無法避免者外，不得因不知法律而免除刑事責任，但按其情節得減輕其刑，**刑法第16條定有明文。而究竟有無該條所定情形而合於得免除其刑者，係以行為人欠缺違法性之認識，即以無違法性之認識為前提，且其欠缺違法性認識已達於不可避免之程度者，始足當之**（最高法院92年台上字第4497號判例意旨參照）。又**所謂可否避免，應依行為人的社會地位、能力及知識程度等一切因素考量，判斷行為人是否得以意識到行為之違法，且當行為人對自己之行為是否涉及不法有疑慮時，即負有查詢之義務，不能恣意以不確定之猜測，擅斷主張自己之行為屬無法避免之禁止錯誤，否則倘若一律可主張欠缺不法意識而免責，無異鼓勵輕率，亦未符合社會良性之期待**。

爭點

❸ 原因自由行為有無故意與過失之分？

所以一般來說，原因自由行為存在著雙重故意，基本上，刑法案例情形通常會是「故意原因自由行為」。

舉例來說：行為人甲很痛恨鄰居乙，於是某日想要藉酒醉之時殺乙，甲先喝大量、高濃度酒，然後藉酒裝瘋，不斷在家製造噪音，遂引起鄰居乙的注意，乙跑來甲家時，甲見乙一入內就拿開槍殺害乙，事後則主張自己是喝酒醉，但是發現有人侵入家中，才開槍的。

實務見解：認為**過失的原因自由行為就是對於前述沒有預見，仍然自陷於精神障礙後實現構成要件，則成立過失的原因自由行為**。

再舉個例子：行為人甲住在山上，素有晚上必定喝酒才能入眠的習慣，然後當日晚上，甲還是照例喝酒，但是剛好乙經過甲宅，甲半醉時以為是有危險人物，然後持刀攻擊之，乙身中數刀後身亡。

實務加油站

臺灣高等法院110年上訴字第309號刑事判決（過失原因自由行為——公共危險案）

本案被告是因為心情不好，而飲酒加上吸食安非他命後縱火。後續判決指出：「刑法第19條第1項、第2項規定，於因故意或過失自行招致者，不適用之，同條第3項規定甚明。此即學理上所稱之**原因自由行為，係指行為人在精神、心智正常，具備完全責任能力時，本即有犯罪故意，並為利用以之犯罪，故意使自己陷入精神障礙或心智缺陷狀態，而於辨識行為違法之能力與依辨識而行為之自我控制能力欠缺或顯著降低，已不具備完全責任能力之際，實行該犯罪行為；或已有犯罪故意後，偶因過失陷入精神障礙或心智缺陷狀態時，果為該犯罪；甚或無犯罪故意，但對客觀上應注意並能注意或可能預見之犯罪，主觀上卻疏未注意或確信其不發生，嗣因可歸責於己之事由，自陷於精神障礙或心智缺陷狀態之際，發生該犯罪行為者，俱屬之**。故原因自由行為之行為人，在具有完全刑事責任能力之原因行為時，既對構成犯罪之事實，具有故意或能預見其發生，即有不自陷於精神障礙、心智缺陷狀態及不為犯罪之期待可能性，竟仍基於犯罪之故意，或對能預見之犯罪事實，於可歸責於行為人之原因，自陷於精神障礙或心智缺陷狀態，致發生犯罪行為者，自應與精神、心智正常狀態下之犯罪行為同其處罰，而不能依同條前2項規定減輕或免除其刑事責任。又依刑法第19條第3項規定可知，原因自由行為可分為「故意原因自由行為」與「過失之原因自由行為」兩大類，並細分為本具有犯罪故意，而故意或過失使自己陷於精神障礙之狀態，而實行犯罪之情形，及原不具犯罪故意，因故意或過失使自己陷於精神障礙之狀態後，於主觀上有預見法益遭侵害之可能，卻違反客觀注意義務，致發生犯罪結果等不同類型。依此，為了對不同情節自陷責任能力障礙狀態之行為人做出相異刑罰評價，仍有區別故意或過失原因自由行為之必要。區別重點在於，行為人於原因設定行為之時（自陷精神障礙狀態之行為時），是否已有實施特定犯罪構成要件行為之故意。如行為人在原因設定行為時即有犯罪故意，再因故意或過失自陷精神障礙狀態後實施該犯行，則屬「故意之原因自由行為」；反之，如行為人在原因設定行為時尚無犯罪故意，但有預見因自己行為自陷於精神障礙狀態後，有可能會為特定犯罪構成要件行為，卻仍因故意或過失自陷精神障礙狀態，則屬「過失之原因自由行為」。

本篇判決重點

1. **實務見解**對於原因自由行為的定義。
2. **實務見解**採取犯意前置，也就是行為前即具有故意犯罪的主觀意思。

3. **實務**上區分成故意原因自由行為及過失原因自由行為。
4. 故意與過失原因行為在刑罰上的評價是不同的。
5. 過失原因自由行為就是起初並無犯罪故意，但是有預見自己行為自陷精神障礙狀態，有可能為特定犯罪的可能，仍執意故意或過失自陷精神障礙狀態。

實務加油站

臺灣高等法院109年上易字第1760號刑事判決
（妨害公務案→飲酒後辱罵員警）

故原因自由行為之行為人，在具有完全刑事責任能力之原因行為時，既對構成犯罪之事實，具有故意或能預見其發生，即有不自陷於精神障礙、心智缺陷狀態及不為犯罪之期待可能性，竟仍基於犯罪之故意，或對應注意並能注意，或能預見之犯罪事實，於故意或因過失等可歸責於行為人之原因，自陷於精神障礙或心智缺陷狀態，致發生犯罪行為者，自應與精神、心智正常狀態下之犯罪行為同其處罰。**是原因自由行為之行為人，於精神、心智狀態正常之原因行為階段，即須對犯罪事實具有故意或應注意並能注意或可得預見，始符合犯罪行為人須於行為時具有責任能力方加以處罰之原則**。

學說見解認為從刑法三階層的討論下，過失原因自由行為欠缺雙重罪責，而不應該予以處罰。然而提出如果認為須處以刑罰，應該從違背注意義務時要具有責任能力來看，可成立過失犯，而不需要去用到原因自由行為理論來處理。

精選例題

一、70歲老翁甲嗜酒如命無法自拔，不可一日無酒且每飲必醉，醉後必狂砸物品。某日甲酒醉後在街頭發酒瘋，持木棍砸毀路旁之商店，被店主報警逮捕後移送法辦。試問：應如何論處甲？

【105年地特】

二、甲獨居山中，地勢荒僻，絕少人跡。月黑之夜，甲獨斟獨飲，不覺飄飄然恍兮惚兮，醉之極矣。甲步履蹣跚，身體如風之擺柳，拿起鐮刀亂舞，吆喝不斷。此時，有登山迷路的乙，循聲走近甲的立身處，正欲出聲發問，卻遭鐮刀掃中頸部，甲則渾然未察。翌日清晨，甲酒醒，發現陌生人倒臥血泊中，已無生命跡象。檢察官以過失致死罪將甲提起公訴。問：如果你是甲的律師，如何答辯？

【94年律師】

破題關鍵

以上兩題都是一樣的出題模式，所以一次列出參考。兩題主要的爭點都是在於有無「原因自由行為的適用」？前述已提過實務原因自由行為的要件，在一開始就有對特定法益侵害的故意，再者，因為故意或過失而導致自己陷入精神障礙的狀態，且在該狀態下實現構成要件。

因此兩題都是老翁，但是兩老翁有無對侵害特定法益的故意？94年律師考題的老翁是沒有的，且在深山中無從預見突有人出現，所以沒有原因自由行為的適用，而其所為之時是第19條第1項之欠缺辨識或控制自我的能力，故無責任能力，因此不成立第276條之過失致死罪。

而105年地特的老翁則有略為不同處，因為甲翁明知道自己喝酒罪就會砸壞東西，所以甲翁飲酒之時，對於後續行為有間接故意，但是與侵害特定法益是否相同？若無，則不成立毀損罪，因為**毀損罪並不處罰過失犯**。

圖解小教室　原因自由行為

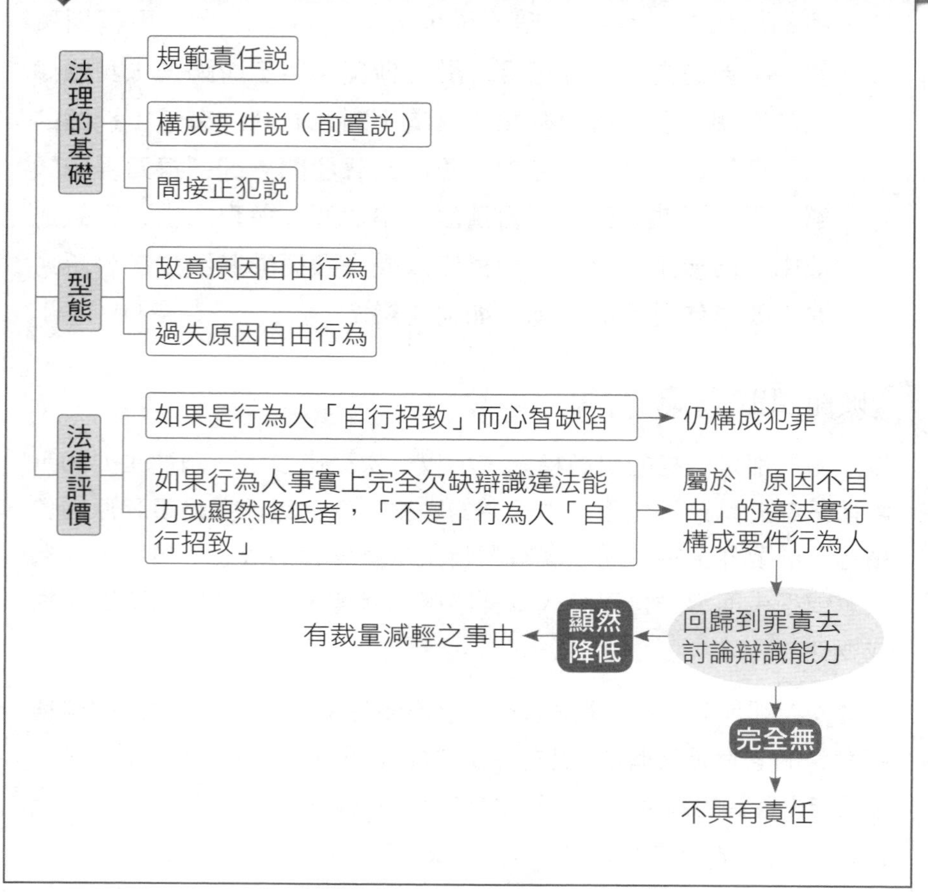
法理的基礎
規範責任說
構成要件說（前置說）
間接正犯說
型態
故意原因自由行為
過失原因自由行為
法律評價
如果是行為人「自行招致」而心智缺陷
仍構成犯罪
如果行為人事實上完全欠缺辯識違法能力或顯然降低者，「不是」行為人「自行招致」
屬於「原因不自由」的違法實行構成要件行為人
回歸到罪責去討論辯識能力
顯然降低
有裁量減輕之事由
完全無
不具有責任

2 犯罪之階段論——兼論未遂犯

爭點

❶ 犯罪行為之六階段

起意→決意→預備（陰謀）→著手→犯罪既遂→犯罪終了

此六階段是學刑法的ABC，前面起意、決意在刑法上有其重要性意義，然而重要的是在預備或預備處，預備犯在刑法上一般是不處罰，但有例外：如173條第4項的預備放火罪、271條第3項的預備殺人罪、328條第5項的預備強盜罪等，而陰謀犯是非常少見，只有在特定重大犯罪之陰謀才有處罰之規定，如：第101條第2項的陰謀犯暴動內亂罪。

爭點

❷ 預備犯

預備犯是否須處罰？這個問題在學者有認為所謂的預備犯規定是有疑問的，因為事實上「預備之行為」是一般垂手可見之行為，例如：準備打火機或是買打火機之行為，這樣的行為在放火罪上是一種預備行為，但是為何一般人都能做的行為會被論罪？又或是，買膠帶、繩索，在強盜罪上就會被論為是一種預備行為，因為要拿來綁人、封住嘴巴等，但是這放在一般人上，就是一種很稀鬆平常的行為（買膠帶可能會是拿來封箱），所以學者認為預備犯的存廢是有問題的。

但是法條之規定存在，就是在於該犯罪的可能衍生重大犯罪或是重大之侵害，所以為抑止該犯罪，而將該預備之行為也列入處罰。

爭點

❸ 未遂犯之處罰理論基礎為何？

圖解小教室

未遂犯

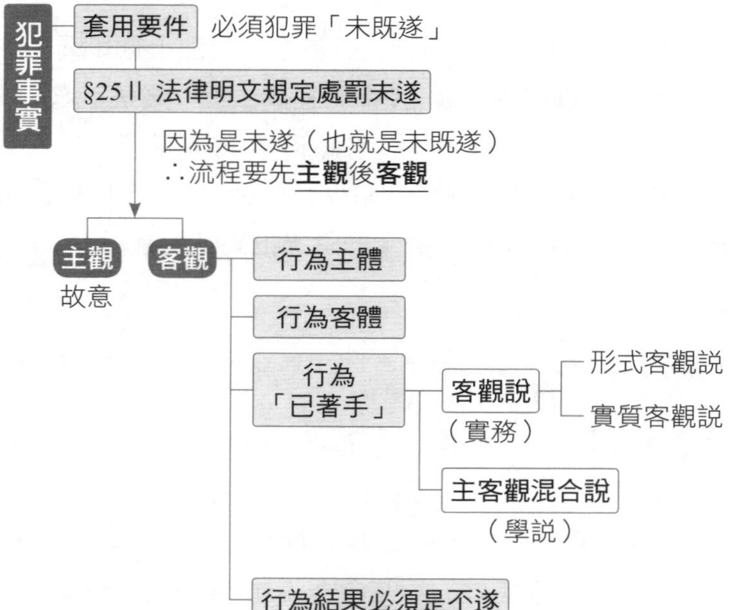

實務

以客觀未遂理論說，主要是認為未遂犯實現構成要件結果的危險，而且僅係欠卻構成要件該當最後具因果關聯的結果，因為引起結果不法的高或然率，所以應該予以制裁，但是其惡性並未如同既遂犯，所以在刑罰上是按既遂犯之刑減少之。（此部分實務見解的異動是在2005年的修法理由）

學說

向來是以印象理論（亦即主客觀混合理論），其是處罰行為人顯示的法敵對意志，但是這樣的未遂行為，足以震驚社會大眾對於法律的信賴及破壞法律的安定性與秩序，故應該予以處罰。

→這兩者的區分，大概（很粗略）的說：**實務**的看法會是：未遂犯因為做了不應該做的行為而拉高風險，所以該處罰。但是**學說**的看法會是：未遂犯的處罰是因為主觀上有了（意思、想法）然後加上客觀上去做了有危險的行為，所以應該要處罰。

實務加油站

臺灣高等法院108年上訴字第1367號刑事判決（製毒障礙未遂案）

判決指出：「94年2月2日修正公布，自95年7月1日施行前之刑法第26條原規定『未遂犯之處罰，得按既遂犯之刑減輕之。但其行為不能發生犯罪之結果，又無危險者，減輕或免除其刑』**其後段經修正為『行為不能發生犯罪之結果，又無危險者，不罰。』修**

正前後之刑法，關於不能犯之定義相同，惟其處罰與否，修正前刑法賦予不能未遂之法律效果為『減輕或免除其刑』，而修正後刑法則明定『不罰』，改採客觀說理論，將不能未遂犯除罪化。此觀立法理由謂『參諸不能犯之前提，係以法益未受侵害或未有受侵害之危險，如仍對於不能發生法益侵害或危險之行為課處刑罰，無異對於行為人表露其主觀心態對法律敵對性之制裁，在現代刑法思潮下，似欠合理性。因此，基於刑法謙抑原則、法益保護之功能及未遂犯之整體理論，宜改採客觀未遂論，亦即行為如不能發生犯罪之結果，又無危險者，不構成刑事犯罪』即明。」

爭點

4 未遂犯——著手的認定

主要分為客觀說與主客觀混合說。

(一) 客觀說：是以行為人實現構成要件具有重要關聯性的行為才算是著手。

(二) 主客觀混合說（**通說**）：認為要以行為人主觀上的想像再加上客觀事實來判斷，行為人所從事的行為是不是已經對於保護的客體構成直接的危險。例如：甲想要殺乙，於是找人買了把槍，接著到乙家踹開了門，對著乙家開槍。但最後確認乙是不在家的，所以殺人失敗。

(三) 區分：在客觀說的看法，甲對乙家開槍的行為應該就可以算是著手了，但是沒有發生結果，所以是未遂犯。

但是在主客觀混合說的看法，當甲的想法就是可能踹開了門，不會去搜尋、確認乙，反正就是會拔出槍並開槍，所以這個時間點可能就是著手了。但是相反的甲的想法要去找看看再開槍，那就有可能時間點會落在開槍之時。

實務加油站

最高法院109年度台上大字第4861號刑事裁定（毒品防制條例）

本件大法庭裁定：「……因銷售毒品之型態日新月異，尤以現今網際網路發達，透過電子媒體或網路方式宣傳販毒之訊息，使毒品之散布更為迅速，依一般社會通念，其惡性已對於販賣毒品罪所要保護整體國民身心健康之法益，形成直接危險，固得認**開始實行足以與販賣毒品罪構成要件之實現具有必要關聯性之行為，已達著手販賣階段**……。」

★ 大法庭當中的見解也提到，開始實行與構成要件具有必要關聯性之行為，就是著手。（偏向客觀說的看法）

精選例題

甲、乙兩兄弟與朋友數人前往KTV唱歌，乙因故與隔壁包廂的丙發生嚴重爭吵，乙打了丙一個巴掌。丙要大打出手時，被丙的女友和其他人架開。丙覺得面子受辱，事後越想越氣，回家帶了一把槍回頭想要置乙於死地。其間乙還在KTV和友人喝得半醉，橫倒在包廂沙發上。甲則在上廁所時聽到KTV門口櫃臺有人大聲擾攘和怒罵，出了廁所一看，原來是丙不顧櫃臺勸阻，要進入行兇。由於丙身材壯碩，櫃臺人員攔不住。甲見情況不對，從廁所工具間拿了一把小木椅，緊隨在後。就在丙進入乙的包廂時，甲持木椅從後面攻擊丙的頭部和身體，丙受傷倒地。KTV的人員利用丙來不及反應，將丙壓制在地。甲、丙二人刑事責任如何？【101年地特三等】

破題關鍵

本題建立在乙打了丙一巴掌，丙回頭拿出槍回來準備行兇的行為，是否該當於「著手」？因此前述所提到的認定標準可以用來論述，**實務見解**偏向於客觀說的看法：要以行為人實現構成要件具有重要關聯性的行為才能算是著手；而**通說見解**則認為：要以行為人主觀上的想像再加上客觀事實來判斷，行為人所從事的行為是不是已經對於保護的客體構成直接的危險。而本題從客觀說的看法，丙持槍枝行為必有相當的危險性，再者，丙要強行進入包廂，但是卻被甲攻擊而停止，還未屬於著手之行為；但是反之，從**通說見解**來看，丙主觀上就是要殺乙的意思，客觀上持槍之行為，再加上走進入乙的包廂，已造成直接危險，可說是著手。

★ 未遂犯很重要但是大家會忽略的點就是「已著手實行但不遂」，而著手的判定就有以上的爭議，但是許多人在答題上會忽略掉此點，而直接討論未遂，雖然是一個小問題，但是如果對於答題細節有交待到，對於閱卷者的角度就是有所差異！

圖解小教室

未遂犯類型

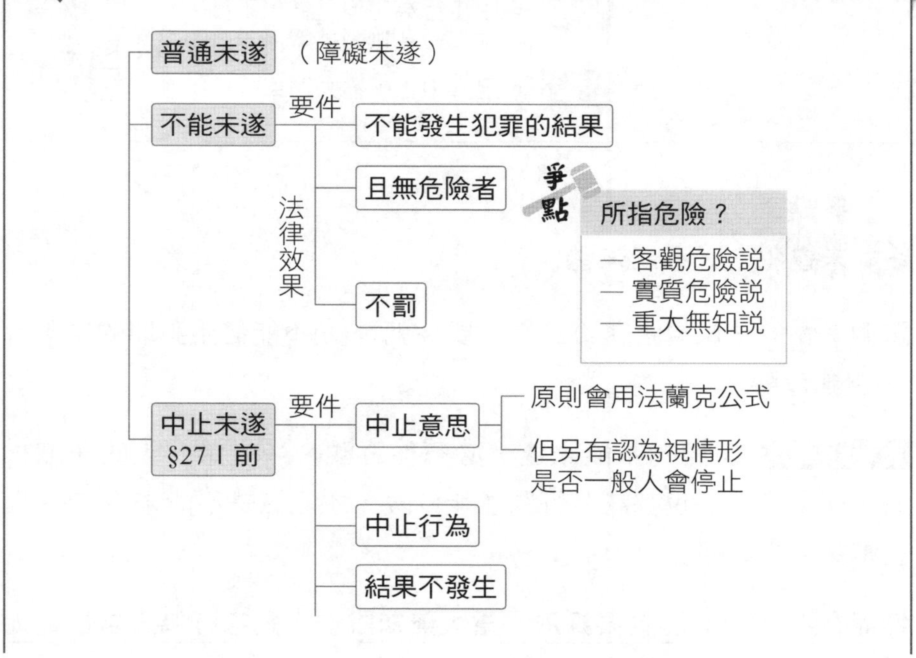

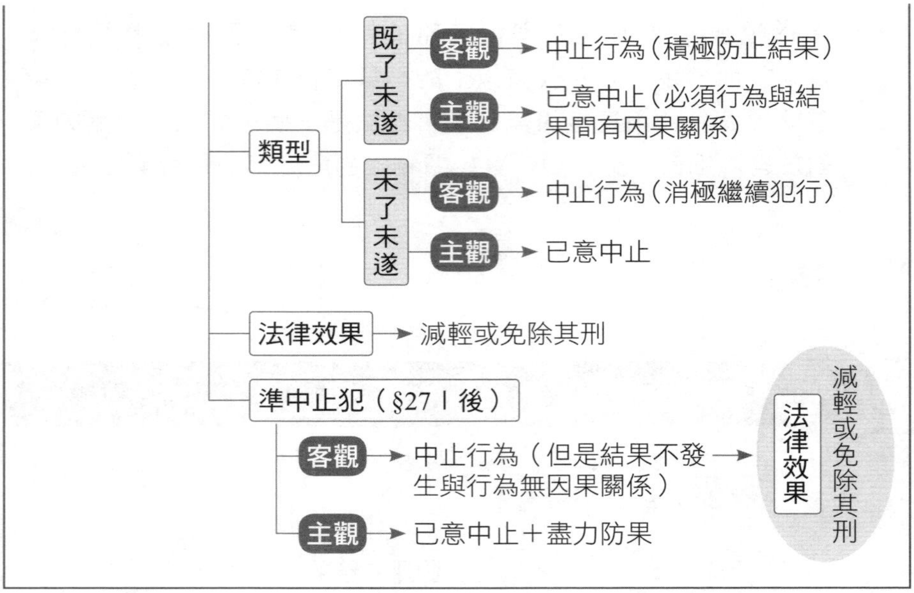

爭點

5 未遂犯——不能未遂

這個爭點的法條規定在第26條，要件就是(1)不能發生犯罪的結果且(2)又無危險。

實務見解多數認為不能未遂，必須從客觀、一般第三人的角度來看，如果一般人也都認為行為並無危險，才能算是不能未遂。→也就是採取「客觀說」。

然而在學說上有認為要採取「重大無知說」，是指行為人自己重大偏離常態的生活經驗，所認知到的因果歷程，但是這對一般人來說皆是不足以發生結果，所以既無危險，又不使一般人對於法律的信賴受到影響，才算是不能未遂。（有少數的**實務見解**有採此看法）

實務加油站

最高法院109年台上字第5573號刑事判決
（本案是丟瓦斯桶企圖引爆，公共危險案）

判決指出：「然刑法第26條規定行為不能發生犯罪之結果，又無危險者，不罰。此所謂『不能未遂』，係指已著手於犯罪之實行，但其行為未至侵害法益，且又無危險者而言；其雖與一般障礙未遂同未對法益造成侵害，然必須無侵害法益之危險，始足當之。**而有否侵害法益之危險，應綜合行為時客觀上通常一般人所認識及行為人主觀上特別認識之事實為基礎，再本諸客觀上一般人依其知識、經驗及觀念所公認之因果法則而為判斷**，既非單純以行為人主觀上所認知或以客觀上真正存在之事實情狀為基礎，更非依循行為人主觀上所想像之因果法則判斷認定之。若有侵害法益之危險，**而僅因一時、偶然之原因，致未對法益造成侵害，則為障礙未遂，非不能未遂**。」

→本則判決就是採取客觀說的見解。

→此外再強調，如果只是一時、偶然的原因，未導致法益受侵害，則是障礙未遂。

精選例題

甲乙為男女朋友，與乙女剛滿一歲女嬰丙一起租屋同居。由於丙經常哭鬧，讓甲感到十分厭煩。某日，甲看到報紙報導許多小孩因對花生過敏而死亡之外國個案，之後又閱讀醫學研究報告得知兒童中的花生過敏症患病率持續上升，因而非常確定花生會導致小孩過敏死亡。再某日，甲又因丙哭鬧而煩躁，因此跟乙說：「妳餵她吃花生，她就會因過敏死亡。」乙也認為丙是拖油瓶，能這樣擺脫最好，因此，每天三餐讓她喝含花生成分的牛奶，丙在大量食用後，沒有出現危及生命的過敏反應，也未因此受有任何傷害。試分析甲之刑事責任。【105年警特四等】

破題關鍵

本題就是一個很典型的不能未遂考題，題中甲誤以為食用含有花生的食品會導致死亡的結果，而「教唆」乙女去餵食含有花生的牛奶，但是最後沒有發生死亡的結果（也就是實行而不遂）。

所以在答題上，本題乙（正犯）所涉法條為第271條第2項的殺人未遂罪，而甲是教唆犯（第29條），因此要先將刑法未遂犯之規定引出（第26條），然後將要件列出，再臚列上述**實務見解**與**學說見解**的差異：

實務認定的標準多數認為不能未遂，必須從客觀、一般第三人的角度來看，如果一般人也都認為行為並無危險，才能算是不能未遂。→也就是採取「客觀說」。

學說上有認為要採取「重大無知說」是指行為人自己重大偏離常態的生活經驗，所認知到的因果歷程，但是這對一般人來說皆是不足以發生結果，所以既無危險，又不使一般人對於法律的信賴受到影響，才算是不能未遂。

在涵攝上，可以討論到餵食含有花生的牛奶，是否對於嬰幼兒絕不會發生危險？因為這是一種體質上的問題，未必皆不會，所以最後結論從**實務**所採取的客觀說或是**學說**上所採的重大無知說，都未必得到乙下毒的行為無危險性的結論，因此可認定為普通不遂行為而非不能未遂。→當然，如果涵攝的結果認為這是幾乎不能發生，而去論以不能未遂，也未嘗不可。

爭點 6 障礙未遂與不能未遂的不同處

障礙未遂就是因為有其他因素介入，所以無法完成結果（普通未遂），譬如：當一個小偷A跑到甲的車旁準備行竊，但是突然聽聞有警車響笛聲，於是摸摸鼻子就走了。這種就是「障礙未遂」，因為不是他不願意進行，而是聽到警笛聲而心生畏懼，所以放棄剩下的行為，這是未遂犯中的障礙未遂類型。

而不能未遂的定義在前面已經提到了，現舉例：甲的同學乙身材胖，甲乙常常爭吵，甲認為乙可能就是身患有痼疾，於是甲一天，拿了一杯高濃度的糖水給乙喝，想說乙喝完可能會就會引起重症而死亡。這種就會是「不能未遂」，因為從一般人的角度，喝了高濃度的糖水頂多是上廁所而已，而不有甲想的奇效，所以從客觀面來看，甲的行為是不能發生犯罪的結果又無危險，而成立不能未遂。

實務加油站

最高法院109年台上字第5656號刑事判決（違反槍砲彈藥刀械管制條例）

（本案被告涉製造槍械，當中是將槍管貫通後，發覺槍管膨脹變形，然後泡水降溫，所以想主張是不能未遂，但是法院認為不採）

判決指出：「刑法第26條規定，行為不能發生犯罪之結果，又無危險者，不罰，此即學理上所稱『不能犯』或『不能未遂』；故不能未遂係指已著手於犯罪之實行，但其行為未至侵害法益，且又無危險者而言；雖與一般障礙未遂同未對法益造成侵害，然『不能未遂』必須並無侵害法益之危險，始足當之。而有無侵害法益之危險，應綜合行為時客觀上通常一般人所認識及行為人主觀上特別認識之事實為基礎，再本諸客觀上一般人依其知識、經驗及觀念所公認之因果法則而為判斷，若有侵害法益之危險，**而僅因一時或偶然之原因，致未對法益造成侵害，則為『障礙未遂』，並非『不能未遂』**」。

精選例題

甲熱愛名畫成痴，得知富商A近來高價購得一幅張大千之山水畫，為圖將之據為己有，遂決定於某夜11點左右，潛入A宅行竊。試問，在下列情形下，甲之刑責如何？

(一) 翻牆並進入A宅後，正準備開始四處搜查該幅畫作所在之際，突然間，警鈴大作，甲為恐遭人發覺，不得不放棄行竊計畫，乃中斷其物色行為，悻悻然快速離去。

(二) 翻牆並進入A宅，經其仔細搜查後，發覺A宅內並無任何張大千之山水畫存在，甲失望而不得不放棄行竊計畫，悻悻然快速離去。

破題關鍵

本題就是在考障礙未遂與不能未遂的差異，所以先看(一)的題目，甲翻牆後先是搜查該畫所在之處，這個就涉及到一個實務見解：82年第2次刑事庭決議：「對於竊盜罪何時著手的時點認定」，實務見解認為當「物色財物」之時就是著手。

所以這個點必須先點出。次者，甲是因為警鈴大作而放棄行竊計畫，這個是否為障礙未遂？可以將前述實務見解對於障礙未遂的定義列出：應綜合行為時客觀上通常一般人所認識及行為人主觀上特別認識之事實為基礎，再本諸客觀上一般人依其知識、經驗及觀念所公認之因果法則而為判斷，若有侵害法益之危險，**而僅因一時或偶然之原因，致未對法益造成侵害，則是「障礙未遂」，所以甲並非是出於己意而停止，而是因為警鈴大作的影響，所以是障礙未遂的情形，所以甲還是構成第321條第2項之加重竊盜罪之未遂犯**。

爭點

7 未遂犯——中止未遂

中止未遂（又稱中止犯）是國考常命題的地方，而其定義是行為人在著手實行後，出於己意而放棄原行為的繼續實行，然後再以積極的方法阻止結果的發生。法條的規定在第27條前段處。

例如：行為人甲企圖殺害仇人乙，於是有一天拿了一把刀到乙家附近，看到了乙就砍殺，乙身中數刀後、流血不止，但是乙的小女兒跑出來看到大哭，甲一時心生不忍，遂打電話叫救護車急救之，乙最後也沒死亡。

此外在同條後段又規定到：準中止犯，其意就是當行為人對於結果的不發生已盡真摯的努力，但是結果的不發生與中止行為間欠缺因果關係。

又如：行為人丙很討厭隔壁鄰居丁，於是趁丁不在家的時候放火燒房子，在燒的過程中，發覺到丙養的狗在裡面，於是心生不忍，遂連接水管不斷沖水，想要試圖將火熄滅，最後丁家並沒有燒毀，但是原因是當時突然下起大雷雨，所以丁家才沒事。

實務加油站

最高法院110年台上字第1876號刑事判決（妨害性自主案）

案例事實部分：本案的被告對當中的被害人A女下手，A女先後以尖叫、抗拒等舉動反抗上訴人施暴行為無效後，始改以軟性方式勸說上訴人，並不斷表示氣喘發作、身體不適，需要服藥，佯稱對上訴人亦有好感，以後2人可交往等語，上訴人因相信A女所言始未繼續遂行強制性交犯行，因認上訴人並非出於己意中止犯罪。所為本件屬障礙未遂之論斷，經核於法並無不合。

判決指出：「已著手於犯罪行為之實行，而因己意中止或防止其結果之發生者，減輕或免除其刑。結果之不發生，非防止行為所致，而行為人已盡力為防止行為者，亦同，刑法第27條第1項定有明文。而所謂『因己意』，須出於行為人自願之意思，而非受外界足以形成障礙之事由或行為人誤以為存在之外界障礙事由之影響。係以『因己意』中止，或『非因己意』中止，作為判斷中止未遂、障礙未遂區別之基本標準」。

→透過本案，我們可以很清楚看到最高法院認定上，未遂行為是因為出於己意而中止，才有中止未遂的適用，而本案被告是因為有其他因素而暫停繼續行為，是障礙未遂的情形，而沒有中止未遂的適用。

實務加油站

最高法院109年台上字第2646號刑事判決（家暴殺人未遂案）

刑法第26條規定行為不能發生犯罪之結果，又無危險者，不罰，即學說上所謂之不能犯，是以行為不能發生犯罪之結果，又無危險為要件。有無危險，則應依客觀具體事實認定之，已著手於犯罪行為之實行，惟於其行為在客觀事實上並無具體危險，致根本不能完成犯罪者，始能依該條規定不罰。

原判決已說明依上訴人使用鋒利刀具、朝王〇朝頭部猛力攻擊多次、王〇朝受傷程度及臺南醫院函覆所受傷勢非無致死可能，上訴人之行為客觀上自具有危險性，縱未生死亡之結果，亦係因王〇朝跪地求饒，上訴人放棄犯罪行為實行所致。原判決因認本件係中止未遂，而非不能犯，於法並無不合。

→本案判決也區分了不能犯與中止未遂的不同，被告是拿著鋒利刀具對被害人的頭部砍，本來就有致死的可能性，而並非是第26條的不能犯。但是當時被害人跪地求饒，被告放棄、停止繼續行為，所以認為是一種中止未遂行為。

精選例題1

甲的腳踏車失竊，但無力購買新的腳踏車，他就想到要偷一部腳踏車，解決代步工具問題。某日，甲見到乙停放在商店門口未上鎖的新腳踏車，甲即跨上該車，尚未起步之際，突然腦中出現父親生前常講的話：「三思而後行，勿一失足成千古恨。」此時甲就從該車下來，將該車仍置放原地。試問本案甲有無刑責？【100年調查局調工組】

破題關鍵

這個問題首先必須點出是否著手的問題？所謂的著手問題，**實務**上與**學說**各有其論述，**實務**上採取物色財物即屬「著手」（參最高法院82年第2次刑事庭決議），而**學說**上則偏向主客觀混合說，也就是行為人主觀的想像+客觀第三者的角度來判斷，是否已有侵害特定法益之危險。無論採取哪一種看法，都會得出已著手的結論。

次者，是否有中止未遂（即中止犯）之適用？就前述的**實務見解**：中止行為係出於己意，而所謂「因己意」，須出於行為人自願之意思，而非受外界足以形成障礙之事由或行為人誤以為存在之外界障礙事由之影響。因此本題甲主觀上係出於己意而中止犯行，客觀上也有中止之行為，且兩者間具有因果關係。因此甲依照刑法第27條第1項之規定，有中止未遂之適用。

精選例題2

計程車司機甲某日載送A至某地，途經鄉村小徑，甲見A身材姣好，有機可趁，遂反鎖車門，停放路旁。A發現有異，央求下車，甲仍強行脫下A衣褲。A告訴甲自己染有性病，且指出身上紅疹，甲見狀心生嫌惡罷手，但仍用手機拍下A裸照，丟下A離開該地。請問甲之行為構成何罪？【104年身障特考】

破題關鍵

本題要注意看題目，計程車司機甲已脫下A之衣褲（此部分涉及刑法第222條第2項之加重強制性交未遂罪），未繼續下手係因為什麼原因？依題所述，是因為A告訴甲患有性病，甲是因為嫌惡而停手，回到前述，己意中止的原因，是否要出於「倫理上自我要求的悔悟」？基本上，法條上並未有此要件存在，只要己意中止即可，所以甲還是有中止未遂的適用。

爭點

8 中止未遂的「己意」中止，是如何判斷？

這個問題點其實蠻複雜的，**實務見解**的看法是認為：採取客觀說的看法，也就是以一般人的標準來看，如果一般人對於此情形會停止犯罪行為，那就是障礙未遂，如果不是，那就是中止未遂。

然而**通說**的見解：**依法蘭克公式「即使我能，我亦不願」**，也就是出於自願行為或是自主動機而中止行為。**這表示行為人當時是沒有受到「外力干擾」而受限停止，假設不是，那就該回到障礙未遂**。

實務加油站

最高法院109年台上字第3270號刑事判決（殺人未遂案）

本案事實部分：被告雖因他人之女友阻攔，而未再持續加害之，然此僅係消極停止犯罪行為，蔡明宏、郭權御並未為報警、通知救護車或將陳旻毅送醫等防止結果發生之積極作為。而係鄭佩君於蔡明宏、郭權御離去後，將陳旻毅報警送醫，始未發生死亡之結果。揆諸上揭說明，蔡明宏、郭權御之殺人行為，自屬障礙未遂，而非中止未遂。

判決指出：「刑法第27條第1項前段規定『已著手於犯罪行為之實行，而因己意中止或防止其結果之發生者，減輕或免除其刑。』依此規定，中止犯必以行為人已著手於犯罪行為之實行，因己意中止或防止全部犯罪結果之發生，始能成立。倘行為人已實行犯罪行為，且其所為之犯罪行為已發生一定之犯罪結果後，**僅消極停止其犯罪行為，並未為防止結果發生之積極作為，祇因其已經實行之犯罪行為，因其他因素未能發生預期犯罪結果者，仍屬障礙未遂，非中止未遂」**。

→依照本案的看法，最高院認為被告是因為有人阻攔所以停止，但是只是「消極不動作」，而未有任何積極去防止結果的行為，最後也是別人去叫救護車來，被害人才免於一死，所以這種就不能去主張中止未遂，而是障礙未遂。

NOTE

精選例題

甲利用乙外出買菜時，用萬能鑰匙開門進入乙家。甲正在翻箱倒櫃尋找值錢的東西時，忽然聽到似乎是乙又返家開門的聲音，於是又趕緊從後門離去。甲的刑事責任如何？　【97年地特四等】

破題關鍵

這個問題不難，有幾個問題必須討論到，用萬能鑰匙進入是不是構成第321條的加重竊盜罪？再來，就是萬年爭點了：甲「翻箱倒櫃尋找」的行為，是不是「著手」？這個在前面已經反覆提到一個決議：82年第2次刑庭決議，當物色財物之時，即構成著手。

再來，就是甲是聽到乙又返家開門的聲音，所以趕快從後門離去，這樣的行為有無第27條中止犯之適用？從前述的**實務見解**，可以知道：「……僅消極停止其犯罪行為，並未為防止結果發生之積極作為，祇因其已經實行之犯罪行為，因其他因素未能發生預期犯罪結果者，仍屬障礙未遂，非中止未遂。」因此甲沒有中止犯的適用。

爭點

9 什麼時候才能算是犯罪既遂？

這個問題還蠻重要的，但是在一般的考試通常不會單就這個爭點出一整題（除非是單純申論題型），所以在一般例題當中會有假設的狀況，例如：甲夜晚持槍去乙家，想要將乙擊斃，於是到乙家時，發現門是開的，甲遂進入乙的房間，看到了床遂對床射擊數發子彈。

(一) 既遂犯係指犯罪行為人，**經故意犯罪行為各階段如決意→陰謀→預備→著手實行→完成行為→發生結果**，即構成犯罪行為之既遂犯，另外，犯罪行為必須實行完成，始有成立既遂犯之可能。

(二) 但是犯罪既遂行為也須從各不同犯罪類型而有所差異：

1. 既成犯、舉動犯：也就是當行為人一做犯罪行為經著手實行，行為即可完成者，例如公然侮辱罪。
2. 立即發生犯罪結果為手段之結果犯，如開槍射殺行為之殺人罪。
3. 著手實行後，仍須繼續加工，始能完成犯罪行為，例如：普通強盜罪。犯罪行為人除了以強暴、威脅等不法方法強制被害人而著手實行外，尚須進而實行強取他人之物或使他人交付財物等行為，強盜行為才能完成。犯罪行為人必須實行完成，才會有成立既遂犯之可能，否則即是未遂。

(三) 另再依發生結果階段來補充說明，就犯罪結果來說，行為完成後尚須有行為結果之發生，才能成立既遂犯。否則，行為實施後若未發生構成要件該當之結果，犯罪行為人僅負未遂犯之責任。就不同的犯罪型態以下舉例作說明：

1. 有些犯罪必須完全破壞構成要件所保護之法益，才能認為已發生實行結果，如殺害行為已造成被害人死亡之結果。
2. 有些犯罪行為只須將構成要件保護法益移置犯罪行為人其實力支配下，即可認定已發生結果，而成立既遂犯。例如犯罪行為人意圖勒贖而擄人，被擄者已喪失行動自由，而移置於犯罪行為人實力支配之下，即已構成擄人勒贖之既遂。又如犯罪行為人實行竊盜或強盜行為，而使他人之物移置犯罪行為人之實力支配下，即構成竊盜罪或強盜罪既遂。若尚未移入犯罪行為人之實力支配下，僅成立竊盜罪或強盜罪未遂。

(四) 因此回到上例，可以看得出，甲對乙床開了數槍，有沒有擊中乙呢？看起來題目沒說，但是如果只是打中了床、打壞了床頭或床罩等，乙就是沒有在家被擊中，所以只能成立未遂。

3 主觀構成要件——故意與過失

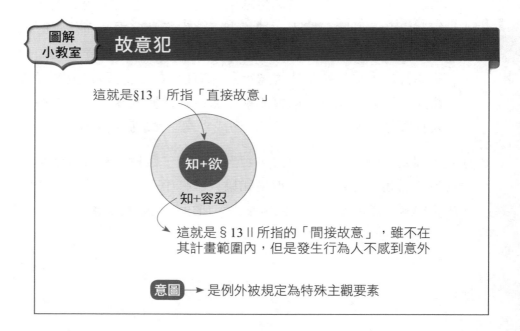

圖解小教室 **故意犯**

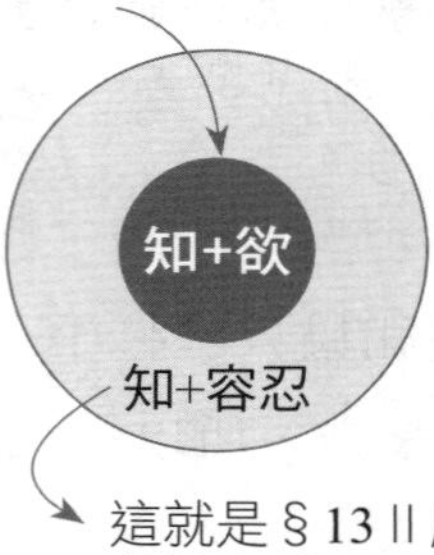

這就是§13 I 所指「直接故意」
知+欲
知+容忍
這就是§13 II 所指的「間接故意」，雖不在其計畫範圍內，但是發生行為人不感到意外

意圖 → 是例外被規定為特殊主觀要素

| 爭點 |

1 故意犯的類型

這個爭點可以參照刑法第13條第1、2規定，也就是直接故意與間接故意的規定。這兩者的差別可以這麼說：直接故意就是行為人主觀上明知道行為將發生某種犯罪，也有使其發生的行為決意（意欲主義）。

而間接故意指的是，行為人主觀上已經預見某行為可能會發生犯罪事實，雖然沒有積極的故意，但是認為縱使發生亦不違背其本意（容認主義）。

實務加油站

1 最高法院110年台上字第2667號刑事判決（以武士刀殺人未遂案）

行為人對於構成犯罪之事實，明知並有意使其發生者，為故意；行為人對於犯罪之事實，預見其發生，而其發生並不違背其本意者，以故意論，刑法第13條第1項、第2項分別定有明文。前者學理上謂為意欲主義，後者謂為容認主義。詳言之，「直接故意」，係指行為人主觀上明知其行為將發生某種犯罪事實，卻有使該犯罪事實發生之積極意圖；而「間接故意」，則係指行為人並無使某種犯罪事實發生之積極意圖，但其主觀上已預見因其行為有可能發生該犯罪事實，然縱使發生該犯罪事實，亦不違背其本意而容許其發生之謂。直接故意與間接故意之性質、態樣及惡性均有差異，影響於行為人責任及量刑之結果。故有罪判決書對於行為人究竟係基於何種故意實行犯罪行為，自應詳為認定。

2 最高法院110年台上字第1352號刑事判決（家暴殺人案）

刑法第13條第1項明定：行為人對於構成犯罪之事實，明知並有意使其發生者，為故意。同條第2項明定：行為人對於犯罪之事實，預見其發生，而其發生並不違背其本意者，以故意論。前者學理上謂為意欲主義，後者謂為容認主義，但不論其為「明知」或「預見」，皆為故意犯主觀上之認識，只是認識程度強弱有別，行為人有此認識進而有「使其發生」或「任其發生」之意，則形成犯意，前者為確定故意（直接故意），後者為不確定故意（間接故意或未必故意），但不論其為確定故意或不確定故意，不確定故意應具備構成犯罪事實的認識，與確定故意並無不同。又刑法之殺人罪，除須具備殺害行為、死亡結果、行為與結果間具有因果關係等客觀構成要件要素外，主觀構成要件須有殺人故意，且不以確定故意為限，具不確定故意即可。而殺人故意之判斷，應審酌行為人之供述、雙方有無宿怨、行兇動機、所受刺激，及案發當時之客觀情況，如當場所受之刺激、下手之輕重、加害之部位、兇器種類、傷痕之多寡等情，綜合以為判斷之準據。

3 最高法院109年台非字第18號刑事判決（洗錢防制案）

洗錢防制法第2條修正立法說明第4點，已敘明有關是否成立該條第3款洗錢行為之判斷重點「在於主觀上是否明知或可得而知所收受、持有」，即不以「明知」為限，且洗錢防制法第2條規定之洗錢行為並無「明知」之要件，在解釋上自不能限於確定故意（直接故意），仍應包含不確定故意（未必故意或間接故意）。

→上述第三案是關於「行為人提供金融帳戶提款卡及密碼給詐欺犯，嗣詐欺犯將之作為被害人匯入款項之用，並予提領，行為人是否成立洗錢防制法第14條第1項之一般洗錢罪？」之法律爭議，最高法院在108年度台上字第3101號判決於109年12月16日採用該日大法庭裁定之法律見解。

爭點

2 過失犯之概述與類型

過失犯之規定在第14條，區分成有認識過失（14條第2項）與無認識過失（14條第1項），而故意與過失之區分在於，故意就是明知而執意去做，過失就是非明知，但是有可能預見，但是認為不會發生，也就是過失犯是違背一種客觀必要的注意義務。

當中其要件為：(1)必須過失的行為是造成結果的原因。(2)不法行為是一種客觀注意義務的違反。(3)違反客觀注意義務行為與構成要件之結果間具有常態關聯與規範保護目的關聯。

當然客觀注意義務的違反也會因人而有所差異，例如：職業司機與一般人來看，在「舊法上」會有所不同，所以舊法有規定了「業務過失傷害罪」，但後續刑法上修正把「業務」要件拿掉。又如：醫師與一般人在處理醫療上的客觀注意義務，就會有所差別，究其原因，就是在於專業的不同。

實務加油站

臺灣高等法院臺中分院103年度上易字第323號刑事判決（崇德電梯案）

按過失犯罪中行為人對特定危險是否有客觀之注意義務，應參酌專業分工法理及專業技術成規，並考慮行為人在特定時空所處之實際情況以定之。又，注意義務係指每1個人對於法律所禁止之法益侵害結果之發生，應注意避免之義務，適用於一般具有因果相關之人。而注意義務之來源，除刑法、其他法規、行政處分外，尚包括契約在內，故民法第148條有「行使權利、履行義務，應依誠實信用之方法為之」之規定。且在交易習慣上，對於自己之契約行為，可能引起對他人法益侵害之附隨性之危險情節，亦有盡一般安全注意義務之責。又，行為人履行內在之注意義務（即以1個具有良知與理性而小心謹慎之人，處於與行為人同一樣之情狀下，所能具有之內在注意），必須進而履行外在之注意義務，其行為始不具行為不法，所謂「外在的注意義務」，乃指行為人基於對其行為之危險方式與危險程度之認識與預估，進而為達到避免發生構成要件該當結果之目的，所應保持之注意。「外在的注意義務」，尚包括查詢或蒐集為了履行注意義務所不可或缺之資訊。亦即行為人於實施危險行為之前，對於避免該危險所必要之知識、技能、經驗等等，必須即時探詢、學習或設法獲得。

爭點

3 加重結果犯要件是什麼？

加重結果犯的法條依據就是在第17條處：「因犯罪致發生一定之結果，而有加重其刑之規定者，如行為人不能預見其發生時，不適用之」。

法條的規定很簡單，但是要件基本的類型就是「**故意的前（基本）行為+過失的加重結果**」。

實務加油站

最高法院61年台上字第289號刑事判例

要旨：刑法上之加重結果犯，以行為人對於加重結果之發生有預見之可能為已足。如傷害他人，而有使其受重傷之故意，即應成立刑法第二百七十八條第一項使人受重傷罪，無論以同法第二百七十七條第二項，傷害人之身體因而致重傷罪之餘地。

→以上的判例，其實很清楚的說明，行為人要對於加重的結果有「預見」的可能就夠了。也就是說只要在做基本的行為時，有認知到加重的結果可能性，就足夠，因為這個加重的結果本來就是屬於過失犯，也就是不小心的意思（一開始就沒有這個犯意），但是有發生這樣的結果，而也有相關的加重結果規定。

爭點

❹ 那到底什麼是「有預見的可能性」？

在**實務見解**來看，就是認為能預見是指從客觀的情形來判斷，而不是從主觀上來判斷。

簡單來說，就是行為人做了這個基本行為時，從客觀的角度、一般的情形來看，是不是有可能會發生這樣的結果？如果是有可能的，那就成立加重結果犯。而不會從主觀，是因為從主觀上判斷時，會淪於怎麼去證明行為人主觀上有此認識而認為不會發生的問題。

例如：甲看到了仇人乙走經過，結果甲聽到乙碎碎念，甲一時以為乙在罵他，所以撿起身邊的棍子，想要「教訓」乙，而甲在打乙的過程中，不小心打到了乙的頭部，結果乙就昏了過去，乙送到了醫院，發生了腦水腫的情形，引起重度昏迷，所以甲從頭到尾有想要去重傷乙嗎？並沒有，但是甲在拿棍子打乙的時候，能不能有所預見到可能會打到頭部？有可能的話，就是成立傷害致重傷罪。

而**學者**的想法也提供一下，**學者**認為如果行為人主觀上有所認識，但是確信認為不會發生，但是最後仍然發生了，就是有所預見。

實務加油站

最高法院109年度台上字第5222號刑事判決（推倒致死案）

要旨：刑法第17條規定所謂行為人不能預見其結果之發生者，係指結果之發生出於偶然，客觀上一般人不能預見或無預見可能性。苟其行為有可能會造成一定（加重）結果之發生，**係一般人善盡注意義務之思慮即得以預見，但因疏未注意而未預見或無預見者，即屬主觀上未預見，而非客觀上不能預見。又發生機率或頻率不高之事例，並不等同於客觀上不能預見或難以預見**。再顱腦為人體要害，身軀傾倒或將跌撞頭部致顱腦損傷而危及性命，恆為一般理性人所知悉，於客觀上自非不能預見。

→從本案判決中，就是被告因為爭執，後來推了死者一把，死者因為右腦撞擊柏油路面後，硬腦膜下腔出血、神經休克死亡。而判決交待了，不是討論被告主觀上未預見，而是一般人如果善盡注意義務時就能夠預見作為標準，那發生機率高不高則是另外一件事。所以**實務見解**很清楚就是採取一般人客觀有無認（知）識來判斷。

精選例題 1

甲為幼稚園老師，乙為小班幼童，乙在娃娃車中與同學吵架而被甲處罰，甲將乙關在娃娃車中，甲至中午始想起乙仍關在酷熱汽車中已逾三小時，甲打開車門發現乙已休克，送醫後死亡。試問甲之罪責？【103年警特四等】

破題關鍵

這個問題考的是刑法第302條第2項的剝奪行動自由致死罪。首先，致死的結果是不是甲老師所能（可得）預見？

在構成要件必須討論到乙的行動自由被剝奪是不是與甲老師關在娃娃車間具有因果關係？所以不論是用相當因果關係說或是條件說+客觀歸責理論，都會得出乙的自由受限與甲關在娃娃車有因果關係。再來，就是必須討論甲能不能有所預見可能發生致死的結果？這邊就可以提出前述判決的看法：「預見可能性是指從客觀的情形來判斷，而不是從主觀上來判斷」。而這樣的標準下，甲應能預見若長期關在娃娃車內，會有致死的可能性。

但在違法性的審查，能不能主張是一種依法令之行為，也就是教師的懲戒權？而教師的懲戒權源自於民法第1084條、1085條的父母懲戒權，而懲戒權可否無上限？應該是不可以的，也就是要有一定的比例原則，也就是體罰要有一個限度，所以甲是不主張有阻卻違法事由而無阻卻罪責由存在，故成立本罪。

精選例題 2

丙為了教訓丁，以輕傷的故意對丁拳打腳踢，結果由於出腳太重而不小心將丁踢死。丙在知道丁已死後，乾脆將丁屍體上的錢財搜括而去。試問丙的行為應如何論處？【99年警特四等】

破題關鍵

(一) 注意加重結果犯的要件：輕傷的故意＋過失行為致死，加重的結果能不能有所預見？

(二) 丙拿走屍體上的錢財，是否構成強盜罪？還是成立竊盜罪？還是丁已經是屍體對於錢財已經沒有使用支配的權限，所以已經沒有事實上支配關係，所以只能算是遺失物的一種犯行？

精選例題 3

大學二年級學生甲與乙，因經常與同學X爭論，而懷恨在心，常思教訓X。某日甲與乙又與X激烈爭執，甲與乙乃相約於放學後各取直徑3公分、長1公尺之圓木棍1支，由甲守學校前門，乙守學校後門巷道，一遇X出現，即予教訓。俟X尚不知有禍臨頭，仍高高興興地從學校後門回家，剛好遭乙堵在巷口，以木棍毆打其肩膀及頭部3下。X奮力逃走後回家，因腦部疼痛經家人送醫後竟然因腦溢血而死，死因與乙毆打時用力過猛有直接關係。問：

(一) 依實務見解，甲與乙是否應對X的死亡共同負責，理由為何？

(二) 依實務見解，甲與乙應如何論罪？理由為何？【104調查局三等】

破題關鍵

也是一樣傷害故意但是有致死的結果發生，討論是否成立第277條第2項的傷害致死罪？以及討論是否成立共犯？

爭點

5 實務上對於犯意變更與層變的認定標準

這兩個犯罪類型相當的重要，因為在考題上常常出現！

所謂的犯意變更型，在題目上就會用甲本來想要教訓乙而已（傷害故意），但是沒想到在過程中，乙一時的反擊，反而激怒了甲遂持刀向乙的心臟刺下去，乙因此而死亡。

而另行起意型，例如：甲乙說好一同行竊丙宅，結果甲入內行竊、乙則在外把風，甲入內行竊一遍後，發現女主人在內睡覺，結果甲一時性起，遂強制性交女主人。

實務加油站

1 臺灣高等法院110年上訴字第412號刑事判決（越南籍殺人案）

犯意變更與另行起意本質不同；犯意變更，係犯意之轉化（昇高或降低），指行為人在著手實行犯罪行為之前或行為繼續中，就同一被害客體，改變原來之犯意，在另一犯意支配下實行犯罪行為，導致此罪與彼罪之轉化，因此仍然被評價為一罪。犯意如何，既以著手之際為準，則著手實行階段之犯意若有變更，當視究屬犯意昇高或降低定其故意責任；犯意昇高者，**從新**犯意；犯意降低者，從舊犯意，並有中止未遂之適用。**另行起意，則指原有犯意之構成要件行為已經完成，或因某種原因出現，停止原來之犯罪行為，而增加一個新的犯意產生，實行另一犯罪行為之謂，至於被害客體是否同一則不問；**

惟因其係在前一犯罪行為停止後（即前一犯罪行為既遂、未遂或中止等），又另起犯意實行其他犯罪行為，故為數罪。行為人以傷害之犯意打人，毆打時又欲置之於死地，乃犯意昇高，應從變更後之殺人犯意，殺人行為之傷害事實，當然吸收於殺人行為之內。倘若初以傷害之犯意打人已成傷之後，復因某種原因再予以殺害，則屬另行起意，應分論併罰，成立傷害與殺人二罪，最高法院101台上字第282號判決意旨同此。

2　臺灣高等法院110年侵上訴字第45號刑事判決（酒後強制性交案）

犯意變更與另行起意本質不同；犯意變更，係犯意之轉化（昇高或降低），指行為人在著手實行犯罪行為之前或行為繼續中，就同一被害客體，改變原來之犯意，在另一犯意支配下實行犯罪行為，導致此罪與彼罪之轉化，因此仍然被評價為一罪。犯意如何，既以著手之際為準，則著手實行階段之犯意若有變更，當視究屬犯意昇高或降低定其故意責任；犯意昇高者，從新犯意；犯意降低者，從舊犯意，並有中止未遂之適用。

→從以上的**實務見解**可以得出：犯意變更型，**實務見解**認為是成立一罪，經常考的例子是竊盜轉強盜、傷害轉殺人，所以**實務**認為若犯意昇高則成立昇高之犯罪，但是若犯意降低，則從舊犯意，但是原犯意則成立中止未遂。

此外，另行起意型，則成立數罪，因為前、後是不同犯意，所以各自成立不同的犯罪。

精選例題 1

（犯意變更、另行起意型）

甲侵入A女住宅打算偷竊，而正在翻箱倒櫃尋找值錢的財物時，被A發現，甲一不做二不休，隨手拿起廚房的菜刀，逼迫A交出值錢的財物。當A交出5萬元後，甲見A年輕貌美，又再逼迫A與其性交。就在完成性交後，甲心想若不殺A將留下後患而將A殺死。試問甲的行為應如何論處？ 【104年地特三等】

破題關鍵

本題是由「行竊」之犯意層昇轉為加重強盜既遂罪（第330條），故依前述的**實務見解**來判斷：「犯意變更，係犯意之轉化（昇高或降低），指行為人在著手實行犯罪行為之前或行為繼續中，就同一被害客體，改變原來之犯意，在另一犯意支配下實行犯罪行為，導致此罪與彼罪之轉化，因此仍然被評價為一罪。犯意如何，既以著手之際為準，則著手實行階段之犯意若有變更，當視究屬犯意昇高或降低定其故意責任；犯意昇高者，從新犯意」。

甲拿廚房的菜刀逼迫A交出值錢的財物，此部分為犯意變更（昇高），其客觀上既有強暴脅迫之行為，其主觀亦轉為強盜之故意，故僅論加重強盜既遂罪。

而後續的強制性交A的行為，是一種另行起意之行為。參照前述的**實務見解**：「……另行起意，則指原有犯意之構成要件行為已經完成，或因某種原因出現，停止原來之犯罪行為，而增加一個新的犯意產生，實行另一犯罪行為之謂，至於被害客體是否同一則不問」，故甲原只係要行竊而已，並未有強制性交之故意，但是後來見A年輕貌美，故轉而逼A與其性交，就此部分僅論以甲加重強制性交既遂罪（第222條第7、8款事由）。

最後甲為免留下後患而將A殺死之行為，成立殺人既遂罪。以上三罪，如何論處？應先將強盜行為（先）及殺人之行為（後），成立第332條之強盜殺人罪之結合犯，再與加重強制性交罪，依第50條之規定數罪併罰之。

精選例題 2

甲、乙與十五歲之丙於凌晨一點潛入丁宅行竊，丁被驚醒大聲喊叫，甲情急之下拿放在桌上的水果刀砍傷丁後，來不及將裝好袋的美金拿走，與乙、丙匆忙逃跑。請問甲、乙、丙成立何罪？【97年高考】

破題關鍵

本題也是類似的題目，先是行竊之故意，但是因為被人發現，而轉為強盜之故意，屬於犯意變更的題型；而後續砍傷丁的行為，應獨立論罪，而非論以強盜罪之結合犯，最後再依第50條之規定予以數罪併罰之。

4 不作為犯

圖解小教室　不作為犯

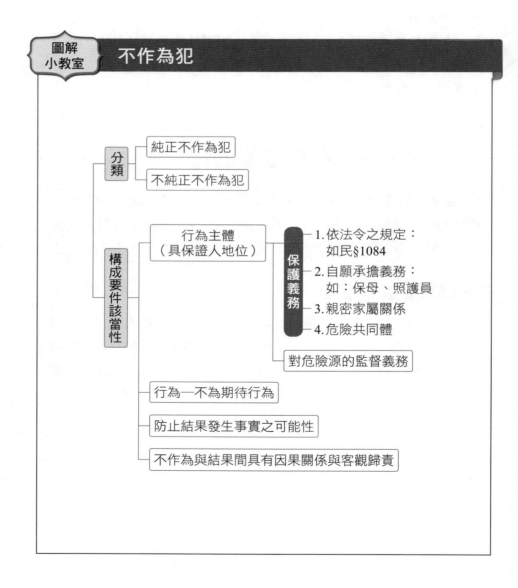

- 分類
  - 純正不作為犯
  - 不純正不作為犯
- 構成要件該當性
  - 行為主體（具保證人地位）
    - 保護義務
      1. 依法令之規定：如民§1084
      2. 自願承擔義務：如：保母、照護員
      3. 親密家屬關係
      4. 危險共同體
    - 對危險源的監督義務
  - 行為—不為期待行為
  - 防止結果發生事實之可能性
  - 不作為與結果間具有因果關係與客觀歸責

爭點

❶ 作為犯與不作為犯的差異

作為犯就是透過積極的作為才能做到構成要件的結果，例如：殺人罪，就是必須要以「殺害」的行為去達到人死亡的結果；又如使公務人員登載不實罪，一定要行為人去偽造不實文件後，再拿給公務員登載後，發生不實的結果，就成立使公務員登載不實罪。→以上都是透過積極的作為才能達成。

(一) 而不作為犯就是指發生犯罪的結果是透過不作為的方式達成，再細分成「純正不作為犯」與「不純正不作為犯」，這兩者的差異，就是在於純正不作為犯就是只能透過不作為的方式才能達到犯罪的結果，例如：聚眾不解散罪，也就是聚眾鬧事，但是喝令解散時，仍拒「不解散」，才能成立該罪。

(二) 而不純正不作為犯則不同，也就是此種犯罪結果可透過積極作為達成，但是也可以透過消極的不作為達成，例如：殺人罪，行為人可以透過積極的作為方式達成（拿刀砍殺），但是也可以透過不作為的方式（假使甲明知道桌上的杯子內裝有有毒物質，但是乙不知道，以為就是一杯普通的白開水，甲明知但卻不阻止乙，後來乙也因此喝掉該水後死亡，這也是一種不作為殺人。）

(三) 刑法的規定在第15條：「對於犯罪結果之發生，法律上有防止之義務，能防止而不防止者，與因積極行為發生結果者同。因自己行為致有發生犯罪結果之危險者，負防止其發生之義務。」

(四) 這邊不作為犯有一個很重要的要件就是「具保證人的地位」。

爭點

2 什麼是保證人的地位？

「保證人」也就是某些犯罪當中行為人未從事被期待的行為，也就是不作為，當然這樣的行為人在現實物理上具作為可能性，意即行為人具有保證人之資格。接下來還必須審查這樣的不作為與結果間的因果關係以及是否可歸責性。

學說與實務上承認的保證人類型，有危險前行為（這是規定在第15條第2項），而在傳統見解上會是以法律、契約、緊密生活共同體；然新進見解則認為要從「功能」見解來看，也就是法益保護的實質觀點來看（就是比原先見解較為廣泛）。

而保證人義務區分成「保護義務」、「監督義務」，在保護義務上可見於緊密生活共同體（危險共同體）、法人組織的機關或公務員。在監督義務上可見於危險前行為、危險源的監督、管護特定危險人員者等。

實務上曾發生過大學生起鬨而與一名同學打賭若短時間能一口氣將酒精濃度58度的高粱酒喝完，就給賞金600元；後續女大生真的一次乾掉了2/3瓶，後續出現了頭暈、臉色蒼白、站立不穩等症狀。其他人發覺有異，就將600元給女大生，而女大生後續回到宿舍趴睡在書桌前因酒精中毒呼吸衰竭死亡。這個案例就是在說明當時的男大生也做一個勸酒造成女大生酒醉的危險前行為，**而這樣的行為「製造一個危險」，而所生之「危險或損害結果間」，具有「義務違反關聯性」（也就是男大生若不勸酒、甚至給賞金，女大生不會這麼拼命去喝高粱酒，而女大生也因此發生死亡之結果），所以男大生之所為是成立不純正不作為犯，而具備保證人地位**。

爭點

3 保證人類型

也就是分成(1)保證者保證、(2)監督者保證兩種型態。也就是說當行為人不具有保證人地位時，即便未救助，也不會成立不作為犯。

舉例來說：當甲開車不慎撞到行人乙，那甲就有一個救助義務，就是要採取一定作為，像是：報警、確認傷勢、叫救護車等，但是如果是一個騎機車的丙經過了，也看到了這一幕，那如果丙就是當作看到了但是未採取幫忙或是報警的方式，就只是默默的騎過去，那丙會不會因此論以不作為犯？答案是不會的，因為丙未具有保證人的地位。

再舉一例：甲在海邊游泳，一時腳抽筋了，因而開始溺水，當時的岸邊救生員乙在滑手機也沒理甲，以為等一下甲就好了，但是甲卻因此越陷越深。而此時，有另一個泳客丙，看到了想要幫忙，但是想說自己也不太會游泳，那乾脆等乙來救就好，結果甲卻因此溺死了，救生員乙一定有刑事責任，但是泳客丙也有嗎？答案是沒有的！因為丙並不具有保證人的地位。

實務加油站

1 最高院52年台上字第521號刑事判例

原判例案由摘要：過失致人於死

要旨：上訴人既以經營電氣及包裝電線為業，乃於命工裝置電線當時及事後並未前往督察，迨被害人被該電線刮碰跌斃，始悉裝置不合規定，自難辭其於防止危險發生之義務有所懈怠，而應負業務上過失致人於死之罪責。

2 最高法院30年上字第1148號刑事判例

原判例案由摘要：過失致人於死

要旨：因自己行為致有發生一定結果之危險者，應負防止其發生之義務，刑法第十五條第二項定有明文。設置電網既足使人發生觸電之危險，不能謂非與該項法條所載之情形相當。上訴人為綜理某廠事務之人，就該廠設置之電網，本應隨時注意防止其危險之發生，乃於其電門之損壞，漫不注意修理，以致發生觸電致死情形，顯係於防止危險之義務有所懈怠，自難辭過失致人於死之罪責。

→上面的當時的判例，現在的效力是與最高法院一般的裁判相同。由上述的案例可以看得出，都是一種危險源的保證人地位，什麼是危險源呢？就是危險的源頭，像是前述電氣、電線、電網，都會是危險源，所以假使有居於管理者地位，就會是具有保證人地位，假若這當中出了意外，就有可能成立過失致死罪。

實務加油站

1 最高法院110年度台上字第624號刑事判決案由摘要：公共危險

要旨：刑法第15條第1項規定不作為犯「防果義務」。所謂法律上之防止義務，並不以法律明文規定者為限，即依契約或法律之精神觀察有此義務時，亦應包括在內。而特定危險源之監督者，對其所支配或管理之危險源，基於交易安全之義務，負有保證人地位。是物主既對其危險物負有監督責任，自對該物會進一步危害他人一事具有預見可能性，原則上負防止危險發生之義務，能防止而疏未防止者，仍應就犯罪結果之發生負過失之責。（承攬改建工程失火案）

2 最高法院109年度台上字第4212號判決

裁判案由：家暴殺人

要旨：

(一) 刑法上之不純正不作為犯，是指對於犯罪結果之發生，法律上有防止之義務，能防止而不防止者，與因積極行為發生結果者同視，觀之刑法第15條第1項規定自明。此所稱在法律上負有防止結果發生之義務（即保證人地位），除法律明文規定者外，如依契約或法律之精神觀察有此義務時，亦應包括在內，其中對於特定近親（如直系血親、配偶等），或存在特殊信賴之生活（如同居家屬）或冒險共同體（如登山團體）關係之人，所處之無助狀態，皆能認為存在保證人之地位。倘具保證人地位之行為人未盡防止危險發生之保護義務，且具備作為能力，客觀上具有確保安全之相當可能性者，則行為人之不作為，堪認與構成要件該當結果間具有相當因果關係，仍得與積極之作為犯為相同之評價。

(二) 本件起訴書於犯罪事實欄已載明：被告於000年00月0日下午17時20分許之傍晚時分，駕車攜帶年滿70歲，且罹患燥鬱症及中度智能障礙之母親王〇〇〇（00年0月生），前往地處偏僻之南投縣〇〇鄉〇〇村〇〇巷0000號下方200公尺

> 處○○溪河床捉蝦，時至同日18時許，天色近暗時，仍未立即返回，其後王○○○則因跌落○○溪溪水中溺水窒息死亡等基本事實；原審經調查審理後，固載認：本案係因王○○○夜間在溪邊抓蝦，且入秋溪水豐沛，步道濕滑，以致發生落水溺斃之意外，尚無證據足資證明被告有將母親王○○○推下溪水，或壓制母親致溺斃之舉等旨，惟原判決理由亦謂：「只是夜間帶老人、小孩去抓蝦，須顧慮安全問題，尤其溪裡石頭高低不平，且○○溪之步道有一半浸泡在水中，行走要更小心，被告可能高估母親的應變能力，導致本案意外發生。」等詞。若果為實情，被告依民法第1114條第1款之規定，對於其母王○○○原即負有扶養（扶助、照養）之義務，竟於日落時分，駕車帶同年事已高復身罹殘疾之王○○○，至人煙罕見之荒山野溪戲水，復未隨侍在側（不作為），對於王○○○跌落溪間之無助狀態，是否存在保證人之地位？若是，被告是否已盡防止危險發生之保護義務？有無具備作為能力，且客觀上有無防止結果發生之相當可能性？……。（家暴殺人案）

☆ 上述第2案可以看的出來與其他案件不同處，**這個不是一件危險源，而是一種對「特定親屬的保護義務」**，因此本案原本是無罪，但是後來發回更審，當中就是認為案件中的兒子帶了一個老、殘疾的媽媽到荒山野嶺去的地方，並沒有一直在旁照顧，即便是要上廁所，也可以請旁人照料一下，而不是放任不管，所以最高法院認為當時原判決認定上有問題。

實務加油站

最高法院107年度台上字第4276號刑事判決→具參考價值裁判

案由摘要：業務過失傷害

要旨：保證人地位僅是行為人「作為義務」之理由，無法直接從保證人地位導出「作為義務」之內容。至行為人是否違反「注意義務」仍應以行為人在客觀上得否預見並避免法益侵害結果為其要件。非謂行為人一經立於保證人地位，即應課予杜絕所有可能發生一切危害結果之絕對責任，仍應以依日常生活經驗有預見可能，且於事實上具防止避免之可能性，亦即須以該結果之發生，係可歸責於保證人之過失不作為，方得論以過失不純正不作為犯。（國防部軍備局防爆門倒塌案）

☆ 本案也是認為在安裝承攬軍備局防爆門工程的廠商，對於這個安裝工程有預見疏忽的可能性，或是可預期到有這種可能性，但是最後仍然疏忽而未作為，發生結果（防爆門倒塌壓死），所以最高法院認為仍成立不作為犯，而且是過失的不純正不作為犯。

實務加油站

最高法院105年度台上字第287號刑事判決（洪仲秋案）
→當時的重大刑案

案由摘要：妨害自由等

要旨：**按刑法第15條之不純正不作為犯，以行為人法律上有防止義務為要件，學說上稱之為保證人地位，其中以有監督或照顧之義務者為最**。軍中關於禁閉處分之所以規定須部隊長官之旅長核定，乃旅長有最後決定及監督之責，是軍旅經驗豐富之旅長，對禁閉案不為適當防護，於極短時間即核可處分，此不作為究為軍紀鬆散之單純過失或有預見其發生而不違背其本意之間接故意，即應詳查，倘法院未究明即逕為有利行為人之判決，即有調查證據未盡及判決不備理由之違背法令。次按刑法第302條妨害自由罪，係以具有妨害自由即非法剝奪他人自由之故意與行為為要件。就私行拘禁而言，指知悉不應拘禁，而故意私自予以拘禁；如誤以為應對他人為拘禁而予以拘禁，縱有未當，因本罪並無處罰過失犯明文，即不能令負刑責；又公務員縱有誤行拘禁之行為，然亦屬應負行政責任之問題，尚不能以本罪相繩。

☆ 本案大家應該都是知道的，但是判決看起來跟大家所認知的不太一樣！請大家注意看一下，**這件討論有沒有「妨害自由罪」，也就是討論「讓洪仲秋進去禁閉室」的這個決定**，所以假設禁閉室的決定沒有明知道不應該拘禁而私自決定拘禁的情形（就是故意拘禁的意思）。如果是沒有，而是屬於一種類似判斷上有疑問的情形，那就不能認定會有本罪。（**當然其他像是當時的士官長暴行凌虐，就不是本案討論的範圍**）

實務加油站

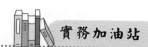

裁判字號：臺灣高等法院105年度矚上訴字第2號判決

裁判案由：過失致死等

本件被告係瑞博公司之實際負責人、出資人兼媒體總監，於104年6月17日以瑞博公司名義，與八仙樂園簽訂「活動場地租賃合約書」，約定於上開期間，租用如附圖所示「歡樂海岸」及「快樂大堡礁」區域，舉辦上開彩色派對，並在「快樂大堡礁」區域內搭建舞臺，復將硬體設備交予邱柏銘統包，邱柏銘又將舞臺架設及特效部分轉包予楊勝凱、燈光及音響部分轉包予莊博元（玩樂生活公司負責人），楊勝凱又將特效部分轉包予廖俊明（千祥公司負責人），又將活動現場之主持、音樂播放等則交由智嘉公司承包，且其為本案彩色派對活動之主辦人，亦為現場之總指揮及總負責人，負責彩色派對之企劃、行銷、硬體發包、活動進行流程、舞臺現場之管控，且對舞臺使用二氧化碳鋼瓶噴射色堆之人員、時間、次數、數量，亦由其管控決定之事實，為被告於警詢、偵查及原審供述甚詳……。(二)本案塵爆發生之原因：1.本件塵爆發生前，被告曾向臺旺公司購買4公噸色粉並運至活動現場，且提供民眾拋撒色粉包、在舞臺上使用二氧化碳鋼瓶噴射之色粉，而塵爆發生前已使用約3公噸之色粉，被告於塵爆發生前（即當日19時許），即逕自離開舞臺，未告知在場之工作人員沈浩然，不可將色粉噴射至舞臺上方之高溫電腦燈，避免引燃色粉，而沈浩然為炒熱氣氛，仍在舞臺上使用二氧化碳鋼瓶噴射置放在舞臺前方20公斤之色粉堆，計噴射3次，復臨時指使毫無操作二氧化碳鋼瓶經驗之現場工作人員盧建佑前來舞臺，由沈浩然面向舞池左側、盧建佑面向舞池右側，於20時31分許，盧建佑第1次噴射因噴射後座力傾倒，起身作第2次噴射後，因操作不慎，致紫色色粉被噴入置放在色粉堆旁邊的電腦燈，而色粉遇燈泡高溫表面引燃後，火光向上飄出，瞬間引燃舞臺前方至舞池區瀰漫高濃度之粉塵雲，引發連環爆燃，粉塵爆燃所生火光再由上向下延燒至舞池區，又因舞池區地上堆積厚約10公分之色粉，致塵爆在舞池區擴散延燒等情………。又按，**刑法上過失不純正不作為犯之成立要件，係居於保證人地位之行為人，因怠於履行其防止危險發生之義務，致生構成要件該當結果，即足當之**（最高法院83年度台上字第4471號、89年度台上字第1356號判決要旨參照）。**再按，過失不純正不作為犯構成要件之實現，係以結果可避免性為前提。因此，倘行為人踐行被期待應為之特定行為，構成要件該當結果即不致發生，或僅生較輕微之結果者，亦即該法律上之防止義務，客觀上具有安全之相當可能性者，則行為人之不作為，即堪認與構成要件該當結果間具有相當因果關係**。

★ 本案即是當年傷亡慘重的八仙塵爆案，當時高等法院即指出，被告即具有保證人的地位，對於當時的危險源的控管負有責任，即便不是故意，但是怠於防止可能發生的危險，結果的發生，就是具有因果關係。

因此保證人的地位，雖然在法條當中並未明文規定到，但是在通說的見解上，皆是認為需具有保證人地位，而當中的類型有以下幾種：(1)危險源監督型、(2)特定的法益具有保護義務、(3)有特定共同體關係，此外還有(4)自願去承擔保護義務型，但是不論何種類型都需具有保證人的地位。

NOTE

精選例題

甲、乙兩遊客分別乘坐A、B兩船夜遊日月潭，兩船在潭中相撞，甲、乙兩人分別落水，A船之船長丙見死不救；B船船長丁只救起甲而沒救起乙，致乙因而溺死，問丙、丁之罪責？ 【103年警特四等】

破題關鍵

(一) 本題要討論的是丙跟丁之罪責，而丙、丁之所以被討論的前提，就是具有保證人的地位，所以要先將保證人之定義、要件敘述，再分論丙、丁之罪責。

(二) 而丙船長見死不救甲，依照第15條第2項之規定，客觀上，因為其之所為導致發生犯罪結果之危險者，負有防止之義務。而主觀上，也認識到未有救助甲將發生死亡之結果，故具有未必故意，故主、客觀構成要件該當，丙成立第276條第1項、第15條殺人既遂罪之不純正不作為犯。

(三) 而丁只救起甲而未救乙之行為，客觀上，可認為一般人預見為救助乙可能會發生死亡之結果，故客觀要件該當，而丁主觀上也有預見之可能性，故主觀要件亦該當。但是這邊的一個重點是，丁能不能主張這是一種「義務衝突」，也就是丁在當時的情況下，只能選擇救一人，他無法分身救到兩人的情況。但是通說的見解認為主張義務衝突是要以不可歸責於行為人的情況才有所適用，但是題目未有明示，所以可以有開放式的答案，或是可以用假設的方式來回答，也就是認為相撞不可歸責於丁，那丁自可主張義務衝突而免責；但是如果丙、丁當時駕船就有疏失，那丁就不能主張義務衝突而免責，但是可以在罪責部分用無期待可能性來減輕罪責。

另外的參考例題：

甲與乙素有嫌隙，某日甲聽聞乙在外造謠誹謗自己，怒不可遏，遂帶著球棒找到乙，將其痛毆一頓。甲本來只想讓乙吃點皮肉之苦，不料下手過重，竟打到乙口吐白沫，失去意識。甲見事情鬧大，知道若不立刻將乙送醫急救，很有可能會死掉，惟因旁邊有路人經過，對其指指點點，甲方寸大亂，心想最後乙不管是死亡，還是變成植物人，雖然不是自己最初的本意，自己這輩子都完了，遂迅速逃離現場，亡命天涯。乙因為無人伸出援手，最後竟死於現場。嗣後經調查，若甲當時將乙送醫急救，其尚可存活，不致喪命。試問甲有何刑責？【109地特三等】

NOTE

5 錯誤

| 爭點 |

1 錯誤的分類

「錯誤」在刑法上是相當重要的議題，而錯誤不只是錯誤而已，有細分成很多，包含：主體上錯誤、客體上錯誤、打擊錯誤、行為錯誤、因果歷程錯誤、法律面錯誤等。因此幾乎每次國考都一定會見到「錯誤」的考題！所以大家必須釐清楚，當考題出現主、客觀上有所不一致的情形，就應該要想到是不是在考「錯誤」的觀念！而當中各種錯誤的法律「效果」，也必須清楚。

| 爭點 |

2 錯誤論——客體錯誤

客體錯誤應該是大家最先接觸到的錯誤類型之一，譬如：甲拿槍想要射乙，但是在瞄準時，突然一陣風吹到眼睛，甲就打到乙旁邊的「沙皮狗」，這種就是打擊錯誤。打擊錯誤還細分「等價客體」、「不等價客體」錯誤而有所區別。

(一) **等價客體錯誤**：就是行為人從背影誤以為是A但是實際上是B，於是打擊之，此種情形就是客體的錯誤，因為A、B是等價的客體，所以當這種情形發生，會不阻卻其故意，而仍成立該罪。

(二) **不等價錯誤**：就是行為人想要打擊的客體和最後打中的客體是不等價的，例如：甲在山中打獵，在望遠鏡中看到一隻猩猩，想要射殺之，但是沒想到竟然是人，這就是不等價的錯誤，而其法律效果則是阻卻故意，而對於被擊中的客體，則成立過失犯。

精選例題 1

甲、乙二人因故爭吵，甲遂教唆丙殺害乙，得其同意後，丙即持刀埋伏在乙宅門外，伺機動手。儘管丙、乙之間有數面之緣，因為乙回家時已近黃昏，加上附近並無路燈照明，致埋伏在附近的丙錯把丁誤當成乙，自丁背後接近，將其殺死。問：甲、丙所為如何論罪？　【103年司法四等考試】

破題關鍵

本題就是在考客體錯誤的爭議，客體錯誤是很常考的問題，但是在最近的國考上，慢慢演變成以選擇題的方式命題。本題就是誤把丙當成乙，後來將之殺死，故論其如何論罪。而依前所述，因為乙跟丙都是等價的客體（都是人），所以發生錯誤時，不影響其故意，而仍成立殺人既遂罪。而比較有問題的地方是，教唆犯甲該如何論罪→這個在後續有介紹（**爭點：教唆發生客體錯誤如何處理？**）**而實務見解比較直接，就是認為不影響其犯行，所以甲仍成立殺人既遂罪的教唆犯**。

精選例題 2

甲男趁其妻乙洗澡時瀏覽乙的手機，意外發現乙與乙女公司上司丙有婚外情。甲不甘綠雲罩頂，於乙赴歐出差一週之際，冒用乙的名義，將已摻有足量致死劇毒之手工巧克力禮盒透過快遞寄送至公司給丙，並附上載有「從踏上飛機那一刻，無時無刻不想你」等文字之卡片傳情。丙收下後，不疑有他，與丙有性關係的秘書丁不甘丙劈腿，亦以針筒將足量劇毒溶液注入巧克力中。正巧丙的重要客戶A來訪，A食下巧克力後，毒發身亡。試問：甲成立何罪？ 【104年高考】

破題關鍵

(一) 本題就是前述的提前發生型（雙重下毒），甲寄毒巧克力給丙、秘書丁也下毒至毒巧克力，而今天客戶A誤食，到底該算是甲或丁下毒？因為兩者皆有下毒、混合已無法確認，所以在這種形下，甲會提出自己不下毒，A也會因丁下毒而身亡的結果作為一個抗辯理由。

(二) 但是從另一個觀點來看，不論是甲或丁，在下毒時，均有預見不論是誰吃到了巧克力皆會毒發身亡的結果，所以今天的錯誤，認為是一種客體錯誤，因為不是偶然性的錯誤，只是對象錯誤，所以採取法定符合說不阻卻故意，而仍成立本罪。

爭點

3 錯誤論——打擊錯誤

打擊錯誤也是常見的錯誤類型，也就是行為人在實行時的失誤、錯誤，導致所欲加害的客體與主觀上認識的客體不同。譬如：甲就是要槍殺乙，但是甲的槍法不佳卻擊中了旁邊的丙。

實務見解認為：打擊錯誤是行為人對於特定之人加以打擊殺害，但誤中他人，所以發生他人的死亡並不是行為人的本意。

實務加油站

1 最高法院108年度台上字第2428號判決

裁判案由：殺人等罪

殺人之不確定故意，與學理上所謂打擊錯誤之區別，在於前者以行為人對於殺人之構成犯罪事實，預見其發生，且其發生不違反其本意為要件；而後者則指行為人對於特定之人加以打擊殺害，誤中他人，其發生該他人死亡並非其本意而言。倘行為人於著手殺人時，主觀上已經預見到其行為可能發生他人死亡之結果，仍不顧他人被殺害之風險而仍決意行之，即與其殺人之本意初無違背，仍應負未必故意殺人罪責。

2 最高法院102年度台上字第153號判決（殺人案）

殺人之不確定故意，與打擊錯誤之區別，在於前者以行為人對於殺人之構成犯罪事實，預見其發生，且其發生死亡不違反其本意為要件，而後者則指行為人對於特定之人加以打擊殺害，誤中他人，其發生該他人死亡並非其本意而言。

3 最高法院96年度台上字第5483號判決（車輛衝撞傷人未遂案）

刑法關於犯罪之故意，係採希望主義，不但直接故意，須行為人對於構成犯罪之事實具備明知及有意使其發生之要件；即間接故意，亦須行為人對於構成犯罪之事實預見其發生，且其發生不違背行為人本意始成立；**惟行為人若對於構成犯罪之事實，雖預見其能發生，而在其主觀上確信其不致發生者，則應以過失論。又行為人所認識之犯罪事實與發生之犯罪事實不相符合者，則屬學理上所謂之打擊錯誤，應依其認識之情節，予以論處**。

→**而學說見解則認為：採取「具體符合說」**，也就是行為人要攻擊的目標成立故意未遂，但是誤擊中的目標成立過失既遂，而依行為同時觸犯數罪名，再依第55條予以競合之。

爭點

4 錯誤論——因果歷程錯誤

所謂的因果歷程錯誤，就是行為人主觀上對於行為與結果間的因果關係有所預見，但是若發生了不一致時，就是因果歷程錯誤。在此有區分：

(一) **單一行為而有因果歷程偏離型**：

也就是行為人只需對於因果歷程的重要部分有所認識，即具有故意。當然偏離是否重大，要看結果的發生是不是顯然有違一般經驗可能預見的範圍而定。

因此假若偏離的情形非重大，通說上認為客觀上行為人可得預見到風險並決意實現，且具歸責，所以仍成立故意既遂責任。
但是假若是偏離情形「重大」，就必須去判斷實現的結果與行為人之主觀故意能否歸責？如果是，還是成立。如果不是，顯然已經超出範圍，即有阻卻故意既遂，但是原有之不法行為去論未遂。

(二) **雙行為－結果提前發生型：**

也就是結果提前發生，行為人對於結果之發生仍可歸責。譬如：甲想要下毒殺害乙，準備好了一杯下毒的水放在桌上，也叫乙過來喝，但是乙卻不慎滑倒撞破頭流血而死。
又譬如：甲想要下毒殺乙，已經對乙的水杯下毒藥，乙也因此而死亡，但是事後經檢驗，才發覺乙的水杯毒藥劑量是兩倍劑量（即代表有他人也下毒藥在同一杯水內），甲仍成立故意犯。

(三) **雙行為－結果延後發生型：**

也就是行為、結果是在前、後不同的時間發生而成。
就此情形，**實務見解**認為把前後階段的行為合併觀察，認為是出自「單一的概括故意之行為」，也就是概括故意說。
而**學說的見解**採取較細緻的說法，假若行為人第一的行為所引發的後續行為與結果，認為是在一個生活歷程內，而且最終結果並沒有超過遇見可能性的範圍，那仍是故意既遂犯（即第一行為關鍵說）。

☆ 以上兩種說法，**實務見解**採取的標準較為寬鬆，而**學說見解**討論上較為細緻，但是可以從一點來觀察，**實務見解**被人詬病的地方是「一開始的行為，在結果上出現了偏離，要如何去論究行為人對此結果有具備知與欲呢？」或是換句話說「用這個概括故意去囊括的犯意是否過廣？」**

但是司法**實務**就是要去解決實際的案件，所以假設要去論斷、推論偏離過程，行為人的犯意始終存在，確實是個難題，因此**實務見解**才會去斟酌個案，假若偏離的因果歷程使行為人可得預見或有認識的，那可推論行為人是故意既遂，這樣審判者才較能論斷行為人的犯罪行為是否成立。（也就是行為人可以在訴訟程序上舉證證明當時偏離過程已經不在自己所能預見或認知，也是一種可以的訴訟手段）

實務加油站

臺灣高等法院105年度上訴字第374號判決（青壯進逼老翁過失致死案）

判決指出：「……(三)如前所述，被害人因被告進逼，後退遭門檻絆倒而倒地，終至傷重不治，依經驗法則，綜合行為當時所存在之一切事實，為客觀之事後審查，在青壯之被告步步進逼古稀老翁之情狀下，一般老年人因體力不敵青壯之人，會踉蹌後退，在僅一步之短距離，即遭門檻絆倒，在此環境，有此行為之同一條件下，被害人將因被告舉止而跌倒摔傷，進而發生死亡結果。是被告之過失行為，與被害人死亡間，有相當因果關係。(四)至被害人仰倒後，雖有以左手稍抓住門邊，因未抓穩，基於慣性作用迴轉仰倒在門外右側走廊，因而致頭部右枕部重力碰擊地面，然被害人此舉究係為避免自身受傷，無可避免出於自我保護反應所為之防護行為，**難認係重要之因果歷程錯誤或被害人自身之過失行為介入致生死亡結果，而影響因果關係之認定**。」

精選例題 1

甲暗夜持刀追殺乙，企圖置之於死地，揮刀兩次，砍傷乙之手臂。乙驚慌逃命，甲追逐數百公尺，氣力不繼，無法再追。乙慌不擇路奔逃，並不知道甲已經放棄追逐，略一恍神，跌入一處深洞，因跌勢凶猛，頭骨破裂死亡。乙所跌入的深洞，乃因施工人員丙疏忽所致。丙負責修復馬路上自來水管線，將人孔蓋掀開後，忘記復歸原位。問：甲、丙成立何罪？　【106年高考法制】

破題關鍵

例題表示甲是想要追殺乙，但是乙死亡的原因卻不是因為甲，而是不小心跌落在深洞而頭骨破裂死亡，因此是一種因果關係中斷的情形。而以相當因果關係理論來檢驗或依客觀歸責理論檢驗時，都會發現無法歸咎於乙的死亡與甲的追殺行為有直接因果關係，所以乙跌入深洞內是一種反常的因果歷程，所以甲只能論以殺人未遂罪。

而丙未將人孔蓋放回而導致乙掉入深洞的行為，成立過失致死罪；並具有特定身分：道路施工修繕人員，對於道路施工必須確保施工後無誤，故具有保證人身分，而因其過失行為而導致乙的死亡，有因果關係存在，故論以過失致死罪。

精選例題 2

甲為公司董事A之祕書，並經A授權得以A之名義簽核公司文件。某日兩人因言語糾紛產生衝突，甲隨手拿起桌上之煙灰缸敲擊A之頭部，A應聲倒地。甲誤以為A遭其不慎殺害，急忙將A推出窗外，製造A跳樓自殺的假象。為製造不在場證明，甲又以A之名義簽核數項公文，假裝A於甲離開前仍然生存。事後警方發現，A於落地前仍然未死，真正死因是因為死於落下之衝擊。試問甲成立何罪。 【109年普考廉政】

破題關鍵

本題就是典型的「因果歷程錯誤」，事實上，A的死因不是因為被敲擊頭部而是後續甲推出窗外落地而死。所以就此爭點，我們可以點明給閱卷者，然後表示：

(一) **實務見解**：認為把前後階段的行為合併觀察，認為是出自「單一的概括故意之行為」，也就是概括故意說。

(二) 而**學說的見解**：採取較細緻的說法，假若行為人第一的行為所引發的後續行為與結果，認為是在一個生活歷程內，而且最終結果並沒有超過遇見可能性的範圍，那仍是故意既遂犯（即第一行為關鍵說）。

當然，可以簡單的評論一下實務上的缺失，也就是前述的概括故意說被人詬病的地方。

(三) 最後提出自己認為採取怎麼樣的判定方法，可以比較簡單的表示：採取以上何種看法最後都會是成立殺人既遂罪。（但是必須涵攝案例事實入本題）

因為本題其實是可以稍微假設一下，也就是甲在敲A的行為時，未必是要致其於死，也就是主觀上只是要敲暈A，但後續行為主觀上是誤以為A已死亡所以就製造自殺的情景→因此這個地方可能是成立過失致死罪。

爭點

5 錯誤——容許構成要件錯誤

這個觀念較不容易懂，白話的說，就是行為人「誤認為」有個阻卻違法的前提事實存在，所以去作出防衛行為，但是後來才發現並沒有這個情形。

譬如：甲是一個黑道人士，有一天甲走在路上，發現乙一直四處觀望著，後來又發現乙接近他並把手伸進外套內裡，甲誤以為乙想要加害於他，於是隨即拿出放在身上的甩棍攻擊之，隨後才知道是一場誤會，乙只是想要向甲推銷所以拿出名片而已。

本案的情形法律效果該如何論斷？

實務見解是採取限制罪責理論說，故法律效果是**阻卻構成要件故意**，因為行為人就是認知上出了錯誤，所以認為其行為並非出於故意，而是構成過失犯。而在這邊會有一個問題，就是在刑法三階層檢驗，故意是存在於構成要件與罪責（如果這邊有疑問的，可以回去看一下《實務、案例一次整合！地表最強圖解刑法（含概要）》一書），因此這邊既曰是限制罪責理論，那怎麼會是阻卻構成要件故意？因此這個地方是有問題的，會與三階層理論的體系架構上有所不符。

學說見解主要採取「限制法律效果之罪責理論」，其法律效果就是「阻卻故意罪責」，也就是行為人在做這個行為是出於故意的，屬構成要件故意，但是認知上出了錯誤，僅能阻卻故意罪責，進而類推適用於過失犯的處罰。

實務加油站

臺灣高等法院103年度上易字第2626號判決（妨害自由案）

判決指出：

按事實上本無阻卻違法事由之存在，而誤信為有此事由之存在，並因而實行行為者，即所謂阻卻違法事由之錯誤。此種錯誤，其屬於阻卻違法事由前提事實之錯誤者，乃對於阻卻違法事由所應先行存在之前提事實，有所誤認，例如**本無現在不法之侵害，而誤認為有此侵害之存在而為正當防衛，此即所謂誤想防衛，學說稱之為「容許構成要件錯誤」。誤想防衛本非正當防衛，蓋其欠缺正當防衛要件之現在不法之侵害，故誤想防衛不阻卻違法性，然而對於此種情形，即不知所實行者為違法行為，是否得以阻卻故意，因學說對於容許構成要件錯誤之評價所持理論的不同，而異其後果。在採限縮法律效果之罪責理論者，認為容許構成要件錯誤並不影響行止型態之故意，而只影響罪責型態之故意，亦即行為人仍具構成要件故意，但欠缺罪責故意，至於行為人之錯誤若係出於注意上之瑕疵，則可能成立過失犯罪**。本院二十九年上字第五〇九號判例意旨以行為人出於誤想防衛（錯覺防衛）之行為，難認有犯罪故意，應成立過失罪責，論以過失犯，即與上開學說之見解相彷（最高法院102年度台上字第3895號判決意旨參照）。

爭點

6 法律面錯誤——禁止錯誤

什麼是禁止錯誤呢？也就是行為人對於法規範、違法性的認識上錯誤，因此行為人在主觀上欠缺不法意識。譬如：在過往原住民持有獵槍或是十字弓（用來打獵）在部落是很平常的一件事，但是沒想到在平地這種行為就是涉有違反槍砲管制條例，就有刑罰的存在。

但是這個問題就是欠缺不法意識，而應該係在罪責中討論，所以這個爭點的法律效果是規定在刑法第16條內，行為人仍是構成要件該當，故意為此行為，但是只有在罪責部分，可能被減免或阻卻。

實務加油站

最高法院109年度台上字第5405號判決（誤以為警員默示同意而非法持槍案）

行為人客觀上實施違法行為，但行為人自認為行為合法，此時行為人乃欠缺不法意識（即欠缺違法性認識），即為學理上稱之禁止錯誤。又所謂不法意識，意指行為人認識或意識到其行為違反法律規範或社會規範而與社會共同生活秩序維持之要求相牴觸之意，乃獨立之罪責要素，一般而言，行為人有構成要件故意時，通常也會知道其所為乃法律規範或社會規範所不容，即推定其具有不法意識；**但若發生禁止錯誤，行為人之行為於法律上究應如何評價，依刑法第16條：「除有正當理由而無法避免者外，不得因不知法律而免除刑事責任，但按其情節，得減輕其刑。」之規定，並不會直接導出排除行為人刑責之法律效果，而係應依個**

案情節，判斷行為人對於禁止錯誤之發生，究竟有無迴避之事由存在，倘其欠缺不法意識係出於正當理由而誤信其行為合法，且無迴避之可能性者，則依上述規定前段應免除其刑責，但若行為人可以透過更進一步的諮詢與探問，了解其行為的適法性，而得到正確的理解，此時就可以認為屬於可迴避的禁止錯誤，法院得審視個案情節，判斷迴避可能性之高低程度，於迴避可能性較低時，得於處斷刑部分減輕其刑，若迴避可能性明顯極高時，法院則不應予以減刑。至於行為人若無誤信其行為合法之事實，即無禁止錯誤可言，本無刑法第16條規定之適用，充其量僅於量刑時，審酌其犯罪動機、目的是否具有公益性質等因子，而為其宣告刑輕重之參考。

2021年5月7日，大法官做出**釋字第803號解釋**，裁定部份違憲，部份合憲。大法官認定「槍砲彈藥刀械許可及管理辦法」對自製獵槍規範不足，無法確保原住民狩獵活動之安全，與憲法保障生命權、身體權及原住民從事狩獵活動之文化權利之意旨有違。「原住民族基於傳統文化及祭儀需要獵捕宰殺利用野生動物管理辦法」規定非定期性獵捕之申請期限與程序規定，大法官認為欠缺合理彈性，違反憲法比例原則，不再適用。

但由於「槍砲彈藥刀械管制條例」限制原住民獵捕工具範圍的規定，以及「野生動物保育法」原住民獵捕動物需經事前申請核准之管制手段，大法官均認定合憲，因此王光祿等聲請人無法直接以此釋憲結果救濟，其案件將由最高法院續審。（**這件釋憲案，不論是**

在刑法或憲法都是很重要的案例。本案後經總統行使特赦權，王光祿首獲特赦，但是要注意的是，特赦不是代表非犯罪行為，只是經總統特赦而免除刑之執行而已！大家必須釐清這個概念）

爭點 7　錯誤論——偶然防衛

也就是行為人事實上存在一個阻卻違法的情狀，但是行為人沒有認知到，結果做出了行為，這與容許構成要件錯誤顛倒，所以又稱為「反面的容許構成要件錯誤」，又稱「偶然防衛」、「偶然避難」。例如：甲因為與乙長期不合，而剛好吵架後心裡覺得還是不舒服，剛好經過乙宅，遂撿起石頭往乙家的窗戶丟過去，而乙家剛好瓦斯外洩，乙家全家人都在睡覺結果因為窗戶破碎遂驚醒乙一家人，乙一家人而免於氣爆。

這個問題有認為行為人主觀上不具阻卻違法要素，所以不存有阻卻違法事由，因此仍成立既遂犯。但另有一說的看法則認為，行為人是出於侵害特定法益的故意，但是客觀上存有阻卻違法事由而無法實現，所以沒有所謂的結果非價而類推適用於未遂犯的規定，而該行為是有危險的，故非屬不能未遂，而應適用第25條未遂犯之規定。

6 犯罪參與論

主題1 多數行為人之分類與概說

圖解小教室 共同正犯參與行為

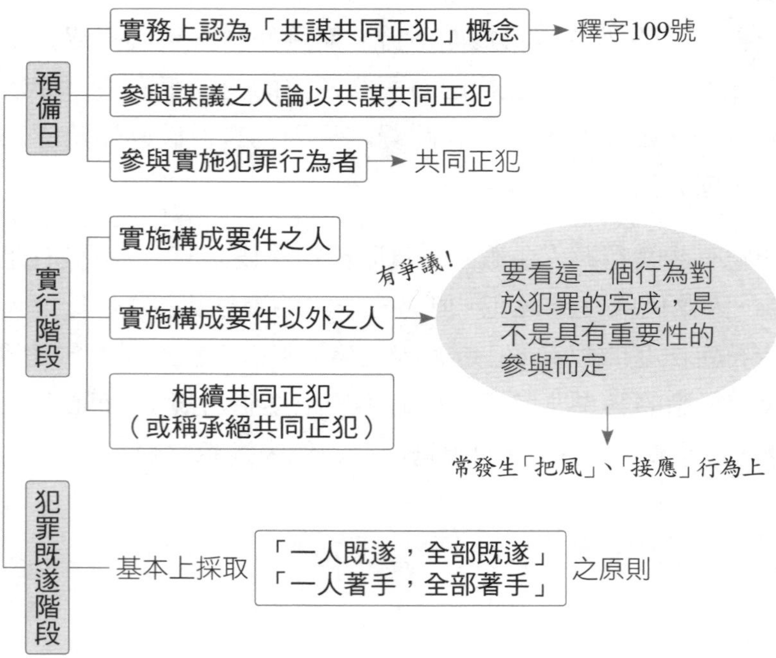

預備日
實務上認為「共謀共同正犯」概念
釋字109號
參與謀議之人論以共謀共同正犯
參與實施犯罪行為者
共同正犯
實行階段
實施構成要件之人
有爭議！
實施構成要件以外之人
要看這一個行為對於犯罪的完成，是不是具有重要性的參與而定
常發生「把風」、「接應」行為上
相續共同正犯（或稱承繼共同正犯）
犯罪既遂階段
基本上採取
「一人既遂，全部既遂」
「一人著手，全部著手」
之原則

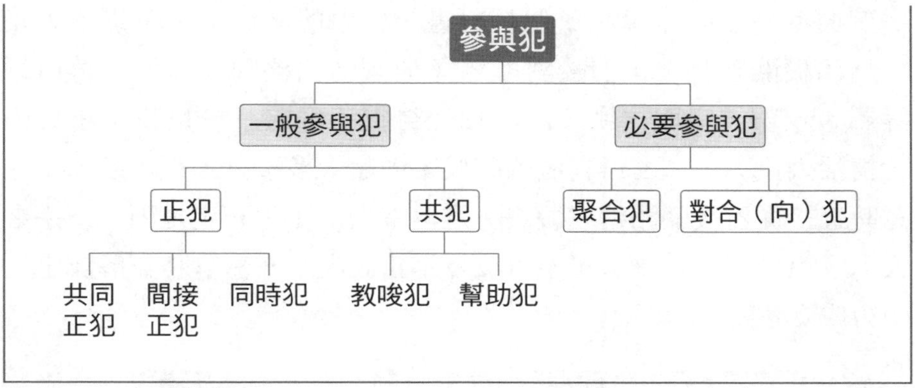

爭點

1 所謂的正犯意指為何？

這個爭點是犯罪參與體系的重點，犯罪者可區分為正犯與共犯。而正犯就是實現不法構成要件之行為主體，包含：直接正犯、間接正犯、共同正犯。

而在認定標準上**實務**與**通說見解**對此有些微不同：

實務見解認為正犯的認定上採取「主客觀擇一說」，也就是主觀上，這個行為人認為是以自己犯罪的意思來參與犯罪，就是正犯；此外，在客觀上，只要行為人是實行犯罪構成要件行為者，也是正犯。

通說見解認為要採取「犯罪支配理論」，也就是正犯是指對整個犯罪過程具有操縱性、具有犯罪支配地位之人。也就是對於整個犯罪行為具有決定性或影響力之人。那相對來說，共犯就是欠缺支配地位的角色，也就是一個邊緣的角色而非核心人物。

這個典型判斷的差異，舉個教科書上會舉的案例：甲是黑道大哥（情治機關首長），對於對頭乙（他國情治機關人員）一再口頭辱罵、攻擊（竊取機密），心理覺得很不舒服，於是找了小弟丙（情治人員），在乙辦喜酒的時候，丙趁人多接近乙後，趁乙不注意時直接從乙後腦開槍射殺之。這個案例，正犯一定是丙（下手之人），但是甲（大哥）可不可以算是正犯呢？在舊實務見解認定上甲會成立教唆犯。

→雖然**實務見解**與**通說見解**有所不同，但是從**實務見解**的變遷上，看得出來**實務見解**有在說明**通說的見解**是可採的。

實務加油站

1　臺灣高等法院103年上訴字第308號刑事判決（強盜案）

按以自己共同犯罪之意思，參與實施犯罪構成要件以外之行為，或以自己共同犯罪之意思，事先同謀，而由其中一部分人實施犯罪之行為者，均為共同正犯（司法院大法官會議著有釋字第109號解釋文、最高法院85年度台上字第220號判決要旨參照）。……**以符合近代刑法之個人責任原則、法治國人權保障思想及「犯罪支配理論」，是修正後刑法第28條雖排除「陰謀共同正犯」與「預備共同正犯」，但仍無礙於「共謀共同正犯」之存在。故參與共謀者，其共謀行為，應屬犯罪行為中之一個階段行為，而與其他行為人之著手、實行行為整體地形成一個犯罪行為**（最高法院96年度台上字第1271號判決要旨參照）。再刑法之共同正犯，包括共謀共同正犯及實行共同正犯

2者在內，祇須行為人有以共同犯罪之意思，參與共同犯罪計畫之擬定，互為利用他人實行犯罪構成要件之行為，完成其等犯罪計畫，即克當之，不以每一行為人均實際參與部分構成要件行為或分取犯罪利得為必要（最高法院96年度台上字第1882號判決要旨參照）。又共同實施犯罪行為之人，在合同意思範圍以內，各自分擔犯罪行為之一部，相互利用他人之行為，以達其犯罪之目的者，即應對於全部所發生之結果，共同負責；共同正犯應就全部犯罪結果共負責任，故正犯中之一人，其犯罪已達於既遂程度者，其他正犯亦應以既遂論科。

2 釋字第109號

解釋爭點：

以自己共同犯罪之意思，參與實施犯罪構成要件以外之行為，或以自己共同犯罪之意思，事先同謀，而由其中一部分人實施犯罪之行為者，是否均為共同正犯？

解釋文：

以自己共同犯罪之意思，參與實施犯罪構成要件以外之行為，或以自己共同犯罪之意思，事先同謀，而由其中一部分人實施犯罪之行為者，均為共同正犯。

→這是相當重要的實務見解，這邊的解釋主要強調的是共謀共同正犯的樣態。

爭點

2 共犯的意指為何？

在法條上第28條的規定是「共同正犯」的規定，但是在第29、30條是教唆犯、幫助犯的規定（從犯），而共同正犯、教唆犯、幫助犯合起來就是實務上所提到的共犯概念。

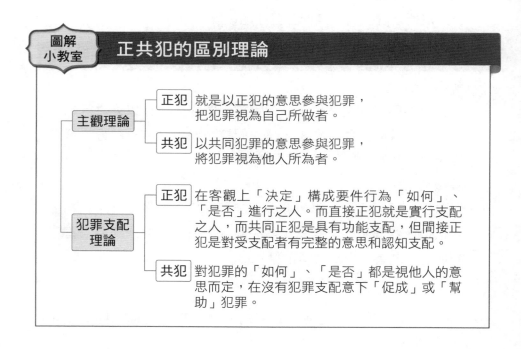

圖解小教室

正共犯的區別理論

- 主觀理論
  - 正犯：就是以正犯的意思參與犯罪，把犯罪視為自己所做者。
  - 共犯：以共同犯罪的意思參與犯罪，將犯罪視為他人所為者。
- 犯罪支配理論
  - 正犯：在客觀上「決定」構成要件行為「如何」、「是否」進行之人。而直接正犯就是實行支配之人，而共同正犯是具有功能支配，但間接正犯是對受支配者有完整的意思和認知支配。
  - 共犯：對犯罪的「如何」、「是否」都是視他人的意思而定，在沒有犯罪支配意下「促成」或「幫助」犯罪。

爭點

3 有沒有過失共同正犯的可能性？

這個問題在**實務見解**及多數**學說的見解**認為**「沒有」這個可能性**，因為共同正犯的行為決意是出於故意；然而「有」學者認為有這個可能性存在，也就是假設行為人事後有無法澄清共同決意而違反注意義務的行為，在這種情形下，為避免處罰漏洞，仍認為有過失共同正犯的可能。

實務加油站

臺灣高等法院89年上訴字第3216號刑事判決（挑戰喝酒嘔吐致死案）

按刑法上之故意犯，乃行為人對於所有客觀構成犯罪事均有所認識，並且具有實現構成要件之「意」、「欲」；反之，過失犯罪乃行為人在「不知」與「不欲」心態下，實現刑罰所規範構成要件之犯罪，易言之，過失犯係在「不知」與「不欲」的情狀下，無法成立過失共同正犯，蓋共同正犯係共犯間有犯意之聯絡為前提，此項犯意之聯絡，係在故意之犯罪行為樣態，始有可能成立犯意之聯絡，過失犯欠缺「知」與「欲」之情況下，實無由責難其與共犯有犯意之聯絡可言，合先敘明。

爭點

4 直接正犯與間接正犯之異同

直接正犯就是直接實行構成要件之人，也就是讓犯罪結果發生之人。而間接正犯就是行為人利用他人作為犯罪工具，以滿足自己實現構成要件行為。

譬如：行為人甲很討厭仇人乙，有一天看到了乙經過了，遂利用抱起身邊的友人丙旋轉，剛好丙的腳踢到乙的頭部，造成乙的頭部受傷。這個例子，丙從頭到尾都不知道甲的犯罪計畫，也沒有想要攻擊乙的想法（故意），但是被甲當作他自己的犯罪工具，最後實現甲想要攻擊乙的結果。（**實務上許多案例是販賣毒品之人利用不知情之人運送，最後仍成立間接正犯**）

實務加油站

最高法院95年度台上字第3918號刑事判決

按意欲犯罪之人，不親自實施犯罪行為，而利用不知情或無刑事責任能力之人或動物，以實施其所意欲之犯罪行為者，仍應負正犯之刑事責任（學理上稱為間接正犯）。行為人雖僅實施犯罪行為之一部，而未完成其犯罪行為，但若其利用不知情之第三人接續實施以完成其所意欲之犯罪行為者，亦屬間接正犯，自應就其自己及該不知情之第三人所實施之全部犯罪行為負正犯之刑事責任。

而在學說上對於這個議題，就是回歸到犯罪支配理論上，就是因為行為人對整個犯罪行為具有操控性、支配性、絕對意思支配的地位，而利用不知情或無責任能力之人去實現構成要件行為，而認定間接正犯的成立。

→無論從實務見解或學說的看法，都可以得出，間接正犯在主觀上必須具有雙重故意，第一個就是對於被利用者有意思支配的主觀故意，第二個：就是認知到將預期到被利用者因為其意思支配而實現不法構成要件行為。

NOTE

精選例題 1

甲籌劃要竊取乙所有之名貴古董花瓶已久。由於擔心受到阻礙，遂隱瞞自己的計畫，對在乙家擔任警衛之丙說：「我可以代班，讓你休息一天。」丙知悉甲的計畫，也正好對該古董花瓶有興趣，預計未來用此事來威脅甲，讓甲將該古董花瓶轉讓給自己，因此配合甲的計畫。果真甲順利入屋成功竊走古董花瓶。試分析丙可能涉及之刑事責任。【105四等警察特考】

破題關鍵

依題所述，甲想要竊乙家，而告訴丙可以幫忙代班，然而丙也「知悉」計畫，而且也對乙家的古董很有興趣，因此也配合。這段話可以告訴我們一個方向，丙是不是間接正犯？

間接正犯的定義，無論從實務見解或是通說的看法，都會是利用一個不知情或或無責任能力之人去實現構成要件行為，基本上就會是把間接正犯當作一個「物」來使用，而對於間接正犯要具備操控性、支配性。因此以這個標準來看本題的丙能不能算是間接正犯？

實務見解：要以不知情之人為必要，而**學說之見解**則認為有優越的意思支配即可成立，因此在本題，丙是知情且答應配合，若採**實務見解**則不成立間接正犯，但若採**通說**的看法則可成立。

精選例題 2

某醫院院長甲與A本為長年好友，後因細故衝突而積怨。某日，甲得知A因病住進該醫院，並由院內主治醫師乙負責治療。甲深知乙平日對自己（院長）所言皆深信不疑，且乙因工作忙碌，對於可以不作的測試就省略不作，進而決定利用乙，達成殺害A的目的。甲明知A有特殊體質，若施以B藥物加以治療，將導致A死亡，竟向乙偽稱說因與A係多年好友，深知A絕無特殊體質，為避免測試費時而耽誤病情，應立刻投藥治療，不需測試。乙身為主治醫師，本該進行特殊體質測試始能投與B藥，卻因此貿然投藥，後A果然因B藥物而死亡。

請問甲、乙的刑責為何？【99年三等書記官】

破題關鍵

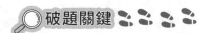

醫師乙未經確認而投藥致死之行為構成第276條過失致死罪。

而本題的重點在於甲是不是構成間接正犯？因為甲明知A對於該藥物過敏，而利用對其深信的醫師乙，將該藥物投入治療。醫師乙對此完全無所知，即是不知情之人，所以無論從**實務見解**（利用不知情或無責任能力之人）或是**通說**（具有犯罪支配力、支配性、控制性）之見解，均會成立間接正犯。

另外的參考例題：

甲因同業競爭，素來與乙不合，甲想要藉機整乙。某日，在警方公布希望民眾檢舉之超商搶案錄影畫面中，甲覺得該畫面的搶匪面貌與乙有幾分神似，甲明知乙並不是超商搶匪，但甲認為此刻是「整乙的好機會」，乃向警方檢舉乙為搶匪，甲希望警察會因受騙而逮捕乙。受理之警察丙到乙宅查看，當丙一看到乙，就知道乙根本不是錄影帶中之搶匪，特徵差異明顯，但由於乙態度不好，丙也就想整整乙，把乙當成是超商搶匪予以逮捕。試問本案甲、丙之刑責各如何？ 【100年調查局】

NOTE

爭點

5 間接正犯的過剩與錯誤

(一) 過剩的情形，則利用人不須負責。

例 甲利用不知情的乙去毒殺A，但未料乙將毒飲料交給A後，發現A家很豪華，而竊取當中的名貴物品。

(二) 而間接正犯錯誤的情形，如客體錯誤時，則認為是當作打擊錯誤的方式處理，然有一說則認為須細分，間接正犯有無將判斷的責任交給被利用人，如果有，則被認為是間接正犯認定預定的範圍內，而仍須負責；但如果是沒有，則以打擊錯誤的方式處理。

例 甲利用不知情的乙，表示手槍內是裝BB彈無傷害力，可以對遠方射擊，甲預期A那個時間點會在射程範圍內，但是B騎著車子誤入範圍內，而乙也對其射擊，而造成B死亡的結果。

主題2 共同正犯

爭點

1 共同正犯的要件

在**實務見解**來說，對於共同正犯的要件就是(1)犯意的聯絡與(2)行為的分擔，當中起因（犯罪動機）是如何，並不重要，而且共同正犯並不需要整個犯罪過程都參與，只要各自分擔犯罪行為的一部，共同正犯對於最後的結果就須共同負責。

在**學說的見解**有一點不同處，就是學說認為共同正犯**「不必需」均具備完全責任能力**，也就是說學說認為當一個20歲甲與16歲的乙一同講好要去偷丙家時，甲跟乙是成立共同正犯。但是這個地方會與**實務見解**不同，因為**實務見解**認為成立共同正犯也必須要具備完全責任能力才能算。而**學說**認為這個不法行為就是兩個人一起幹的，就是成立共同正犯，與罪責無關係。

實務加油站

1 臺灣高等法院110年上易字第705號刑事判決

被告2人就上揭犯行，有犯意聯絡及行為分擔，應論以共同正犯。被告2人基於詐欺取財之單一犯意，於密接時間，先後對告訴人施以詐術，侵害同一法益，各行為之獨立性極為薄弱，在刑法評價上，以視為數個舉動之接續施行，合為包括之一行為予以評價，屬接續犯，應論以一罪。

2 最高法院110年台上字第3176號刑事判決

共同正犯之成立，祇須具有犯意之聯絡、行為之分擔，既不問犯罪動機起於何人，亦不必每一階段犯行均經參與。共同實行犯罪行為之人，在合同意思範圍內，各自分擔犯罪行為之一部，相互利用他人之行為，以達其犯罪之目的者，即應對於全部所發生之結果共同負責；且共同正犯不限於事前有協議，即僅於行為當時有共同犯意之聯絡者亦屬之，且表示之方法，不以明示通謀為必要，即相互間有默示之合致亦無不可。

3 最高法院110年台上字第2674號刑事判決（強盜案）

又共同正犯，為二人以上，對於犯罪有意思聯絡及行為分擔，亦即其主觀上有為特定犯罪之目的，相互利用他方之行為遂行犯罪之意思，客觀上有分擔犯罪構成要件之行為，始足當之。是以，共同正犯對其他正犯所實行之犯罪行為應共同負責者，以就該行為有犯意聯絡為限，若他犯實行之犯罪行為，超越原計畫之範圍，即應僅就其所知之程度另負共犯責任。

NOTE

精選例題

甲男為某市政府負責新建焚化爐工程招標案之公務員，A廠商負責人乙為了得標，遂找機會認識甲，並帶甲前往酒店接受性招待。性招待完畢後，乙提出將給付甲新臺幣30萬元，以事先得知工程底價、評選委員名單與其他廠商的競價企劃內容。甲男心動，告知女友丙此情，並請求丙代為聯繫乙，且透過丙收受現金30萬元，再由丙將裝有底價、評選委員名單與其他競價廠商企劃內容之信封交給乙。

試問甲、丙之行為應如何論罪？ 【109年調查局特考】

破題關鍵

甲是公務員接受乙的性招待，進而將底價、評委等資訊提供給乙，也收受乙30萬元，故成立違背職務收受賄賂罪。

但是丙女友是幫忙聯繫乙及收受現金30萬，再將資訊提供給乙，丙不具有「公務員」之身分，是否仍成立前述之共同正犯？

若採**實務見解**的看法，共同正犯就是犯罪有意思聯絡及行為之分擔，而其主觀上亦有維持犯罪之目的，相互利用他方之行為之意思，客觀上有分擔犯罪構成要件之行為。然對此有不同見解，其認為無此身分之人不能成該罪之共同正犯，而頂多成立幫助犯。

惟從第31條身分犯之規定來看，應採取成立共同正犯的看法較為恰當，先將其擬制身分後論以正犯，最後在科刑上有所不同。

爭點

❷ 共同正犯的犯意聯絡型態

在這個爭點，可以看一下前面所提到的最高法院110年台上3176號刑事判決書所節錄的部分，也就是犯意的聯絡不以明示通謀為必要，縱然是相互間的默示合意也可以。

這裡舉例一下：假設甲、乙都很討厭丙，但是甲有一天湊巧遇到了丙，也決定埋伏偷襲丙，在持棍偷襲的過程中，剛好乙也經過了，**甲、乙的眼神互相看了一下**，就一同下手去襲擊丙，甲乙都是共同正犯。→就是甲沒說、乙也沒說（明示），但是甲乙在眼神交會時就決意（默示）一起襲擊丙，所以會成立共同正犯。

爭點

❸ 共同正犯有無事中參與的可能？

這個爭點其實意思就是假使正犯已經做了部分犯罪行為，但是另一個正犯再加入參與一同進行或是部分分擔犯行，這就是事中共同正犯的概念，也有另稱是「相續共同正犯」、「承繼共同正犯」。

實務見解對此採取承認的看法，大家可以從以下的判決內容看得出來，實務見解對比學說見解比較寬鬆，也就是相續共同正犯當接續進行時或參與部分犯行時，實務是認為皆是共同正犯。

但是**學說見解**認為應該要視相續共同正犯實行的部分犯行負責，而不對之前的不法行為負責，除非是可歸責之，否則不應該一併論之。

實務加油站

1 臺灣高等法院110年上更一字第92號刑事判決（詐欺案）

判決指出：「……又刑法之『相續共同正犯』，就基於凡屬共同正犯對於共同犯意範圍內之行為均應負責，而共同犯意不以在實行犯罪行為前成立者為限，若了解最初行為者之意思，而於其實行犯罪之中途發生共同犯意而參與實行者，亦足成立；故對於發生共同犯意以前其他共同正犯所為之行為，苟有就既成之條件加以利用而繼續共同實行犯罪之意思，則該行為即在共同意思範圍以內，應共同負責。」

2 臺灣高等法院109年上更一字第180號刑事判決（詐欺案）

判決指出：「參照前述刑法共同正犯之規範架構，不論擔任車手工作而負責取款、居間聯絡車手、機房並告知取款時地、或協助保管詐騙所得款項或駕車搭載成員來回取款現場之行為，均係該詐欺集團對於個別被害人詐得財物之犯罪計畫所不可或缺之重要環節。又現今詐欺集團成員為逃避查緝，避免彼此洩漏身分、走漏過多犯罪訊息，均設置層層之複雜聯繫結構，且多僅有單向或單獨之聯繫管道，其目的均在使集團成員各自完成分配之細項或工作後，進而共同達成詐取財物之犯罪目的，故詐欺集團所屬成員，未必均與集團首腦或主要犯罪階層有所接觸，更未必對於集團之其他上下、平行成員有所知悉認識。而共同正犯，在合同之意思內各自分擔犯罪行為之一部，相互利用他人之行為，以達其犯罪之目的者，即應對全部所發生之結果，共同負責；且共同正犯之意思聯絡，原不以數人間直接發生者為限，間接聯絡亦包括在內，是於集團式之犯罪，原不必每一共犯均有直接聯繫，亦不必每一階段均參與，祇須分擔犯罪行為之一部，即應對於全部所發生之結果共同負責，且倘犯罪結果係因共同正犯之合同行為所致者，無論出於何人所加，在共同正犯間均應同負全部之責，並無分別何部分為孰人下手之必要」。

→這邊提供一個想法，**實務見解**認為如果今天要去區隔每一個部份來論罪，也許很困難，也可能淪為卸責之點。**學說的想法**偏向是所為的犯罪行為要與罪責相當，所以假設只是一個邊緣或是不是很重要的角色，但是論以全部的責任，可能會與罪責不相當！

實務加油站

最高法院102年第14次刑事庭決議的決議文指出：「事中共同正犯，即學說所謂之『相續的共同正犯』或『承繼的共同正犯』，乃指前行為人已著手於犯罪之實行後，後行為人中途與前行為人取得意思聯絡而參與實行行為而言。事中共同正犯是否亦須對於參與前之他共同正犯之行為負擔責任，學理上固有犯罪共同說（肯定）、行為共同說（否定）之爭議，但共同正犯之所以適用『一部行為全部責任』，即在於共同正犯間之『相互利用、補充關係』，若他共同正犯之前行為，對加入之事中共同正犯於構成要件之實現上，具有重要影響力，即他共同正犯與事中共同正犯對於前行為與後行為皆存在相互利用、補充關係，自應對他共同正犯之前行為負責」。

→當中提到的想法，就是每一個人的參與、施力參與都是對於整個犯罪行為有重要的影響力，也就是說如果少了一部分，也許犯行無法完成或順利，因此實務認為都要一併論以共同正犯。

實務加油站

最高法院110年台上字第3288號刑事判決（少年毆打致死案）

再按共同正犯基於傷害之犯意聯絡，共同毆打被害人，應就該共同傷害行為負全部責任，惟被害人如因該毆打行為而發生死亡結果者，各共同正犯間就部分共同正犯所直接引起被害人死亡之加重結果，應否同負加重結果之全部刑責，端視其本身就此加重結果，於案發當時在客觀上能否預見其發生為斷，而非以彼等間主觀上對於加重結果之發生，有無預見或犯意聯絡為準。即令致命之傷害僅係特定單一或部分共同正犯所為，然基本之傷害行為，既在共同意思聯絡之範圍內，則不論其他共同正犯之加害方式或手段為何，倘當時在客觀上得以預見該項加重結果之發生，即應就加重結果共同負責。上訴人等與在場少年，在主觀上雖均無殺害歐泰生之直接或間接故意，亦無使歐泰生發生死亡結果之預見，然彼等於共同傷害犯意聯絡範圍內，在客觀上皆非不能預見眾人同時以棍棒及拳腳圍毆歐泰生時，可能因場面混亂無法控制攻擊力道及部位而使歐泰生發生死亡之加重結果，因認上訴人等均應就本件歐泰生之死亡結果，與少年羅〇生、陳〇緯、邱〇宏及曾〇廷等人負共同正犯之責任。

精選例題

甲見路邊有一未上鎖之自行車，企圖據為己有，趁車主A在商店買東西，便將車騎走。A見狀緊追不捨。幾百公尺後，甲撞遇友人乙，告以原委，並請乙共同將A驅離，乙應允。甲與乙將自行車放在身後，A氣喘吁吁趕到後，甲向A表示「錢財乃身外之物，現在四下無人，你孤立無援不要因小失大，趕快離開」。A發現甲乙兩人眼露凶光，因而心生恐懼，急忙離去。甲、乙依刑法如何評價？

【101年司法四等】

破題關鍵

本題要先討論的是甲先行竊後撞見友人乙，再央求乙一同幫忙，隨後甲乙再施以「強暴、脅迫」的手段，故有準強盜罪的可能（請參考法條）。

但是本題重點在於乙後來的加入，是不是會成立承繼（相續）的共同正犯？或是換句話問，是否有承繼共同正犯之可能？

對此，前述已說明：**實務見解**對此採取承認的看法，大家可以從以下的判決內容看得出來，**實務見解**對比**學說**見解比較寬鬆，也就是相續共同正犯當接續進行時或參與部分犯行時，**實務**是認為皆是共同正犯。而**學說見解**認為應該要視相續共同正犯限縮實行的部分犯行負責，而不對之前的不法行為負責，除非是可歸責之，否則不應該一併論之。

所以**實務**、**學說見解**皆認為有承繼共同正犯，但是**學說**是較為緊縮的看法，也就是認為相續共同正犯只對於實行部分負責，而不需對前行為負責。因此本題的甲、乙會成立準強盜罪的相續共同正犯（第329條）。

爭點 4 共同正犯如何認定既未遂？

在正犯判斷既未遂的時點在前面已經提到了，那共同正犯的情形是要如何判斷呢？**這個問題一般採取「一人著手全部著手，一人既遂則全部既遂」**，因為在共同正犯的想法就是綁在一起來看，所以當一人著手、既遂，就會是全部著手、既遂。

但是今天假設一個情形，甲、乙講好一同去殺丙，甲、乙皆持刀砍殺丙時，乙頓時良心發現，遂下不了手，那共同正犯甲是否也是論中止未遂？

在這個地方，因為中止未遂是個人的行為，所以必須個案通盤了解來認定，所以未必皆成立中止未遂。

實務加油站

1 臺灣高等法院108年上訴字第1807號刑事判決（毒品案）

又共同正犯應就全部犯罪結果共負責任，故正犯中之一人，其犯罪已達於既遂程度者，其他正犯亦應以既遂論科。中止犯仍為未遂犯之一種，必須犯罪之結果尚未發生，始有成立之可言。共同正犯之一人或數人雖已中止其犯罪行為，尚未足生中止之利益，必須經由其中止行為，予其他共犯以實行之障礙；或勸導正犯全體中止；或有效防止其犯罪行為結果之發生；或其犯罪行為結果之不發生，雖非防止行為所致，而行為人已盡力為防止行為者，始能依中止未遂之規定減輕其刑。

2 最高法院106年台上字第3352號刑事判決（偽造文書案）

複數行為人以共同正犯型態實施特定犯罪時，除自己行為外，亦同時利用他人之行為，以遂行自己之犯罪，從而共同正犯行為階段如已推進至「著手實施犯行之後」，脫離者為解消共同正犯關係，不僅須停止放棄自己之行為，向未脫離者表明脫離意思，使其瞭解認知該情外，更由於脫離前以共同正犯型態所實施之行為，係立於未脫離者得延續利用之以遂行自己犯罪之關係，存在著未脫離者得基於先前行為，以延續遂行自己犯罪之危險性，脫離者自須排除該危險，或阻止未脫離者利用該危險以續行犯罪行為時，始得解消共同正犯關係，不負共同正犯責任。

→**實務見解**認定上，共同正犯中一人如果有中止繼續犯行的行為，如果已經著手了那就是要「阻止結果的發生或危險」，否則就是要「阻止其他未脫離者繼續其犯行」，才能主張不負共同正犯的責任。因為中止犯有減免刑責的規定，所以會要求除了脫離者停止、阻止結果外，也會要求一併阻止其他脫離者繼續或排除危險，以防仍然發生犯罪的結果。

爭點 5　假若共同正犯中有發生超出預期而有「加重結果」的情形，如何論處？

假若甲乙說好要去「教訓」丙，甲乙到了現場拿出棍子圍毆丙，但是甲打了幾下丙，沒想到乙在打的過程中想到了丙的侮辱，於是遂朝丙的頭部猛擊數下，於是丙最後腦出血而死。

像是以上的例題就會是一個超出預期的加重結果，**實務見解會以是否「有預期、預見的可能性」來判斷**，也就是共同正犯其中一人引起的加重結果，其他人能否從「客觀上」、「有無預見的可能性」而論，而非其主觀上對於加重結果有無犯意聯絡來判斷。

學說見解則認為採取不同看法，應該是要從各行為人「各自」對於加重結果有沒有預見可能性來判斷。

實務加油站

1　最高法院110年台上字第3288號刑事判決（少年傷害致人於死案）

判決指出：「……再按共同正犯基於傷害之犯意聯絡，共同毆打被害人，應就該共同傷害行為負全部責任，惟被害人如因該毆打行為而發生死亡結果者，各共同正犯間就部分共同正犯所直接引起被害人死亡之加重結果，應否同負加重結果之全部刑責，端視其本身就此加重結果，於案發當時在客觀上能否預見其發生為斷，**而非以彼等間『主觀上』對於加重結果之發生，**

有無預見或犯意聯絡為準。即令致命之傷害僅係特定單一或部分共同正犯所為，**然基本之傷害行為，既在共同意思聯絡之範圍內，則不論其他共同正犯之加害方式或手段為何，倘當時在『客觀上得以預見該項加重結果之發生』，即應就加重結果共同負責**。」

2 最高法院91年台上第50號判決（例）

共同正犯在犯意聯絡範圍內之行為，應同負全部責任。惟加重結果犯，以行為人能預見其結果之發生為要件，所謂能預見乃指客觀情形而言，與主觀上有無預見之情形不同，若主觀上有預見，而結果之發生又不違背其本意時，則屬故意範圍；是以，加重結果犯對於加重結果之發生，並無主觀上之犯意可言。從而共同正犯中之一人所引起之加重結果，其他之人應否同負加重結果之全部刑責，端視其就此加重結果之發生，於客觀情形能否預見；而非以各共同正犯之間，主觀上對於加重結果之發生，有無犯意之聯絡為斷。

→以上的**實務見解**皆是採取同一論述，從「客觀面、有無預見可能性」，作為一個判斷標準，也在最後表示不採取主觀面有無犯意聯絡。究其原因，是因為如果一旦發生加重結果時，要去論證主觀上有無犯意聯絡或有無預見，這個可能有難度，所以審判實務會從犯罪現場、客觀面來判斷，否則有可能有互推卸責的情形發生。

精選例題

大學二年級學生甲與乙，因經常與同學X爭論，而懷恨在心，常思教訓X。某日甲與乙又與X激烈爭執，甲與乙乃相約於放學後各取直徑3公分、長1公尺之圓木棍1支，由甲守學校前門，乙守學校後門巷道，一遇X出現，即予教訓。俟X尚不知有禍臨頭，仍高高興興地從學校後門回家，剛好遭乙堵在巷口，以木棍毆打其肩膀及頭部3下。X奮力逃走後回家，因腦部疼痛經家人送醫後竟然因腦溢血而死，死因與乙毆打時用力過猛有直接關係。問：依實務見解，甲與乙是否應對X的死亡共同負責？理由為何？ 【104年三等檢事官】

破題關鍵

本題已經清楚說明，要以實務見解來判斷，所以從前述的實務見解：「端視其本身就此加重結果，於案發當時在客觀上能否預見其發生為斷，**而非以彼等間『主觀上』對於加重結果之發生，有無預見或犯意聯絡為準**。即令致命之傷害僅係特定單一或部分共同正犯所為，**然基本之傷害行為，既在共同意思聯絡之範圍內，則不論其他共同正犯之加害方式或手段為何，倘當時在『客觀上得以預見該項加重結果之發生」，即應就加重結果共同負責』**。

所以要推論客觀上是否得以預見加重結果之發生，X的死亡是出於乙的棍棒攻擊頭部，兩者間具有因果關係，乙也有預見其發生之可能性，故成立第277條第2項之傷害致死罪，並無疑義。然而必須深究為甲是不是也併須負責，從實務見解的看法，「能不能有所預見？」這可以推論甲知道以棍棒打人的頭，就有相當程度致死的可能性，所以屬於有所預見，故甲對此加重之結果亦須負責。

爭點

6 當共同正犯發生逾越或稱過剩行為時？

這個爭點滿重要的，因為在考試上會有這樣的考點出現，例如：甲跟乙說好，因為對丙欠債行為不齒，所以要討債順便教訓丙一頓。甲乙到了現場，確實教訓丙一頓了，但是甲後來想想要把丙帶到別處繼續懲罰，甲帶走丙後發生毆打致死的結果。

像是這樣的例題，在**實務**的看法，會認為犯意聯絡的部分就是「傷害」，但是後續甲「自行主張」的行為，已經不是乙可以預見的情形，也就是對於此部分不需負共同正犯的責任。

實務加油站

臺灣高等法院109年上重更一字第4號刑事判決（阻斷頸部血管殺人案）

按共同正犯因為在意思聯絡範圍內，必須對於其他共同正犯之行為及其結果負責，從而在刑事責任上有所擴張，此即「一部行為，全部責任」之謂。而此意思聯絡範圍，亦適為「全部責任」之界限，**因此共同正犯之逾越（過剩），僅該逾越意思聯絡範圍之行為人對此部分負責，未可概以共同正犯論**。

精選例題 1

甲誘使本無犯意之十六歲少年乙，潛入A宅竊取A新購之名貴音響，甲併邀丙駕駛小貨車在門外把風，等候運走，甲也允諾事成後，給予乙、丙酬金。正搬出門外，A歸來，雙手抓住甲擬加以逮捕，詎甲為脫免逮捕，以左手反抓A之頭髮，右手毆打頭部，並以雙手勒住其頸部，致A鬆開抓住甲的雙手，放棄逮捕行為，當時乙並無對A施加暴力之犯意與任何舉動，終將音響搬走。問甲、乙、丙三人之刑責各應如何論處？【106年三等書記官】

破題關鍵

本題的題述很清楚，甲要乙、丙一同至A宅行竊，所以甲、乙、丙皆是共同正犯，但甲說好的計劃行竊到後面衍生的甲對A的強暴行為並無任何關聯，且乙也並無任何參與後續之強暴行為，就是一種共犯逾越的情形。

因此，參照前述**實務的見解**：「……因此共同正犯之逾越（過剩），僅該逾越意思聯絡範圍之行為人對此部分負責，未可概以共同正犯論。」也就是說對於其他未實施之共同正犯不論逾越（過剩）之部分。

而多數**學說的看法**則認為：共同正犯一人之行為出於逾越之情形，其他共同正犯是否也須負其責，須視其可否預期共同正犯的偏離行為，假若該偏離行為是符合其他共同正犯的利益或犯罪計畫時，即無逾越計畫範圍之問題。

這邊就看得出有些微的不同，因此在解題上即可列出兩說之看法，最後涵攝入本題所述，應該可得出甲要自負逾越之部分刑事責任，而乙、丙就是加重竊盜罪之共同正犯。

本題還有一個小的爭點：十六歲之人，可否一併算入而論以加重竊盜罪的「結夥三人」？

本爭點，在實務見解是採取否定的見解，也就是必須具備完全的責任能力才能算入。但是在學說的見解（肯定說）就有所不同，學說認為年齡是後續的刑事責任有所不同，而為何結夥三人需要加重，其理由就是在於危險增加的可能性，所以加重之。

精選例題2

甲沉迷賽鴿，賭輸新臺幣300萬元，生活陷入困境，其賽鴿好友乙見其處境，心想最近與富商A發生土地買賣糾紛，乃唆使甲搶劫A，但甲不為所動。其後，甲之摯友丙獲悉該事實後，乃向乙獻上能說服甲之良策，乙依照丙所教辦法，再次唆使甲，甲終於決意向A下手。某日，甲夥同友人丁與戊三人開車強押A前往某銀行提款，抵達現場後，戊突然想起家中年邁老母，乃向甲與丁請求退出，經應允後自行離去。丁在銀行外接應，甲進入銀行順利領取新臺幣100萬元，正擬上車離開之際，該銀行保全員見情況有異，出面盤問甲，甲情急之下，強力將A拉出車外，迅速與丁逃離現場。A被拉出車外時，腦部碰撞地面，導致傷重不治。警方循線查獲甲、乙、丙、丁、戊五人，移送法辦。試問：甲、乙、丙三人之行為應如何論處？ 【101年司法官】

破題關鍵

本題也有一樣的問題，就是甲乙丙一同計畫擄人勒贖A，但是後續甲強力將A拉出車外時，導致A腦部碰撞地面，最後傷重不治之行為屬於正犯之逾越（過剩）行為，所以本題必須討論這個爭點，要將前述之論述提出，最後涵攝入本題，提出乙、丙是否併同負責。

圖解小教室 共同正犯的逾越與錯誤

共同決意「傷害」甲 → (1)甲被毆打了數拳
(2)B見甲的身上掉出錢包，內有數萬元遂將皮包強取之

↓ 如何論罪

A、B成立傷害罪的共同正犯
但B另外成立強盜罪，A則對此部分毋須負責

共同正犯若發生錯誤時

- 若有等價的客體錯誤時
  - 實務：仍成立共同正犯
  - 學說：有認為是單獨正犯的錯誤來認定其法律效果
    而另有認為，對其他共犯來說就是一種「逾越」，所以視為「打擊錯誤」
- 若發生有打擊錯誤時 — 其他共犯則成立故意未遂

主題 3　（狹義）共犯

爭點 1 什麼是共犯？共犯的處罰理由？

在這裡可以參照刑法第29條、30條規定，當中規定到教唆犯、幫助犯，而在教唆犯的概念是他人原本並無犯罪的意思，但是他去誘起、喚起他人犯罪的意思。而幫助犯是幫助他人順利實行犯罪，而不論是精神上、實質上的幫助均可。原本刑法的設計認為教唆他人犯罪就是不對的，所以就算是最後行為人未受到影響，也還是應該要處罰，所以（舊）刑法規定未遂教唆（教唆未遂）仍應處罰。然後後續刑法的修正，認為教唆未遂並未受有實害，所以不予處罰，而改以「限制從屬性」（也就是依附在正犯上，當正犯有不法行為時，才須處罰），簡而言之，必須被教唆者因此而著手實行犯罪行為，才須處罰。

爭點 2 教唆犯的成立要件

必須具有教唆行為及教唆故意，但是教唆故意必須具有雙重故意，也就是教唆故意+教唆既遂故意。教唆既遂故意就是如果沒有想要讓正犯（被教唆者）既遂，也不成立教唆犯。

實務加油站

臺灣高等法院109年原上訴字第68號刑事判決（重傷害案）

按教唆犯係以對於本無犯意思之人，唆令決意實施犯罪為本質。查被告羅文忠向被告蔡宇杰表達欲教訓告訴人之意後，其尚有提供告訴人行蹤及穿著特徵，被告蔡宇杰請被告梁仁溢開車前往，並邀集被告蔡宇寶輾轉聯繫被告呂柏昕、蔡宇豪、林聖祥會合，助其尋仇、教訓告訴人，其提供報酬給被告蔡宇杰、呂柏昕，其所為顯有參與重傷害犯罪構成要件之實行，是應認被告羅文忠與蔡宇杰等人均有重傷害之不確定故意之犯意聯絡，並分擔實行重傷害犯罪行為，而均應論以共同正犯，至公訴意旨認被告羅文忠此部分應成立重傷害罪之教唆犯，實有誤會，應予更正。

→本案判決認為教唆犯就是對於本無犯罪意思之人去犯罪，而本案被告羅文忠表達要教訓告訴人，然後又告訴行蹤、穿著特徵，然後又提供報酬，顯然不是單純的教唆犯而已，所以應該論以共同正犯才對。

爭點

3 何謂教唆過剩？何謂幫助過剩？

在這個問題，就跟前述所提到的概念是一樣的，也就是共犯（教唆犯、幫助犯）的範圍有限，但是行為人（正犯）所做的犯罪行為已經超過這個範圍，這個就是「過剩」。所以這個會跟共同正犯過剩的問題相同結果，只有在教唆、幫助範圍內負責，若正犯超過這個範圍，則非歸屬於教唆犯、幫助犯的責任。

譬如：甲告訴乙，富商丙在星期一早上不會在家，富商丙很有錢、可以試試去行竊他家。乙確實觀望了一陣子，於是在星期一早上行竊丙宅，但是沒想到丙宅家中有一女僕丁，丁發現乙行竊，於是乙遂擊暈丁，又看到丁的美貌，遂對其強制性交之。

在這個地方，甲教唆的範圍就是竊盜，沒有包含傷害及後續的強制性交行為，故甲只成立竊盜罪的教唆犯。

爭點

4 教唆發生客體錯誤如何處理？

這個問題就是當教唆犯所教唆的標的（客體）與行為人（正犯）所認識的不同時，就是一種客體錯誤。

而在**實務見解**認為不影響其犯行，因為並不影響其故意。學說見解認為被教唆者縱使發生客體錯誤之情形，亦屬無關緊要、非重大偏差之情形，教唆者應與被教唆者負相同之責任。

實務加油站

臺灣高等法院100年上訴字第3615號刑事判決（殺人未遂案）

又按「刑法上關於客體錯誤，此種認識錯誤之事實與法定之事實，法律上非難價值相同，例如欲殺甲，卻誤認乙為甲而殺之，其生命法益相同，殺人之故意無異，法律上但問其是否預見為人而實施殺人之行為，至於其人為甲或為乙，無關於犯罪之成立。」查：被告楊永康教唆趙御翔、趙偉丞、汪麟達傷害之客體，應係周國陽，此見前述證據自明，惟因其僅告知趙御翔、趙偉丞、汪麟達，驚嚇、騷擾其家人之人為周宅某男子，未告知對方姓名，亦未指明對方特徵，致使趙御翔、趙偉丞、汪麟達不知被告楊永康教唆傷害之真正對象為周家男子中之哪一位，於見周國賓時，誤認係被告楊永康所稱之男子，而為傷害行為，依上開說明，均屬客體錯誤，於被告趙御翔與趙偉丞、汪麟達共同所為之故意傷害犯行，及於被告楊永康所為之教唆傷害犯行，不生影響。

精選例題 1

甲、乙二人因故爭吵，甲遂教唆丙殺害乙，得其同意後，丙即持刀埋伏在乙宅門外，伺機動手。儘管丙、乙之間有數面之緣，因為乙回家時已近黃昏，加上附近並無路燈照明，致埋伏在附近的丙錯把丁誤當成乙，自丁背後接近，將其殺死。問：甲、丙所為如何論罪？

【103年四等書記官】

破題關鍵

本題就是典型的被教唆者實行的客體錯誤，依照前述的說明，先臚列**實務**及多數**學說**的看法；**實務見解**認為就是不影響其犯行，因為並不影響其故意。**學說見解**認為被教唆者縱使發生客體錯誤之情形，亦屬無關緊要、非重大偏差之情形，教唆者應與被教唆者負相同之責任。動手的丙發生客體錯誤，因為是等價的客體錯誤，實務與通說均認為不影響故意，所以丙該當且有責，丙誤殺丁之行為仍成立第271條第1項的殺人既遂罪，而教唆者甲依照前所述甲仍構成殺人既遂罪之教唆犯（第29條）。

精選例題 2

甲與A宿有恩怨，某日，甲唆使不務正業之友人乙殺A以洩恨，乙持刀等候A於下班途中。暮色昏暗中，見B向前走來，長相酷似A，誤以為是A，猛力揮刀之後，匆忙逃逸。B躺於血泊中，幸經路人緊急報警送醫，得免於死，但右眼已失明。問甲、乙之刑責各應如何論處？

【104年升官等－廉政】

破題關鍵

一樣是教唆客體發生錯誤，所以前述的**實務見解**與**學說見解**均可列出，不論採取哪種說法，都可以得出甲還是成立殺人未遂罪的教唆犯。乙則成立殺人未遂罪。

精選例題 3

甲唆使乙將A殺害，某日傍晚，乙見A與其友B在巷道內並肩而行，乃自彼等背後舉槍瞄準A發射，惟子彈打偏，竟射中B之要害，致B當場斃命。試問甲、乙應負何刑責？ 【102年退役轉任三等】

破題關鍵

本題是另一種題型：「發生打擊錯誤」，正犯乙依照之前所述的打擊錯誤處理，會成立對A的殺人未遂罪，但是對B則成立過失致死罪，基於共犯限制從屬性原則下，則對於A部分，甲只能論乙故意未遂的教唆犯。

對於B致死部分，則要視甲能不能有所預見可能性，依照題所述，看起來甲不會知道A與B一同並肩而行，所以並無預見之可能性，故不能論以過失既遂的教唆犯。

爭點

5 幫助行為發生錯誤時，如何論處？

幫助犯因為其性質特殊，必須依附、從屬於正犯行為，所以當發生錯誤時，完全視正犯的行為既遂或未遂而定。

實務加油站

最高法院107年台上字第3717號刑事判決（加重詐欺案）

又刑法上之幫助犯係以與正犯有共同之認識而幫助實行為要件，換言之，刑法上之幫助犯，係指以幫助之意思，對於正犯資以助力，使其犯罪易於達成而言，故幫助犯之成立，不僅須有幫助他人犯罪之行為，且須具備認識他人犯罪而予以幫助之確定或不確定故意，始稱相當。故若對於不同構成要件之犯罪，幫助犯所認識之犯罪內容與正犯實行之犯罪事實不一致（即所謂「幫助犯事實認識錯誤」），且此不一致超出同一犯罪構成要件之範圍時，如正犯所實行之罪名，較幫助犯所認識並幫助之罪名為輕者，幫助犯祗在正犯實行罪名之限度內負幫助之罪責。相對地，正犯所實行之罪名較幫助犯所認識並幫助之罪名為重時，即所謂「幫助之逾越」，幫助犯僅能在其所認識或與正犯實行犯罪重合之範圍內負責。

圖解小教室 教唆犯與幫助犯

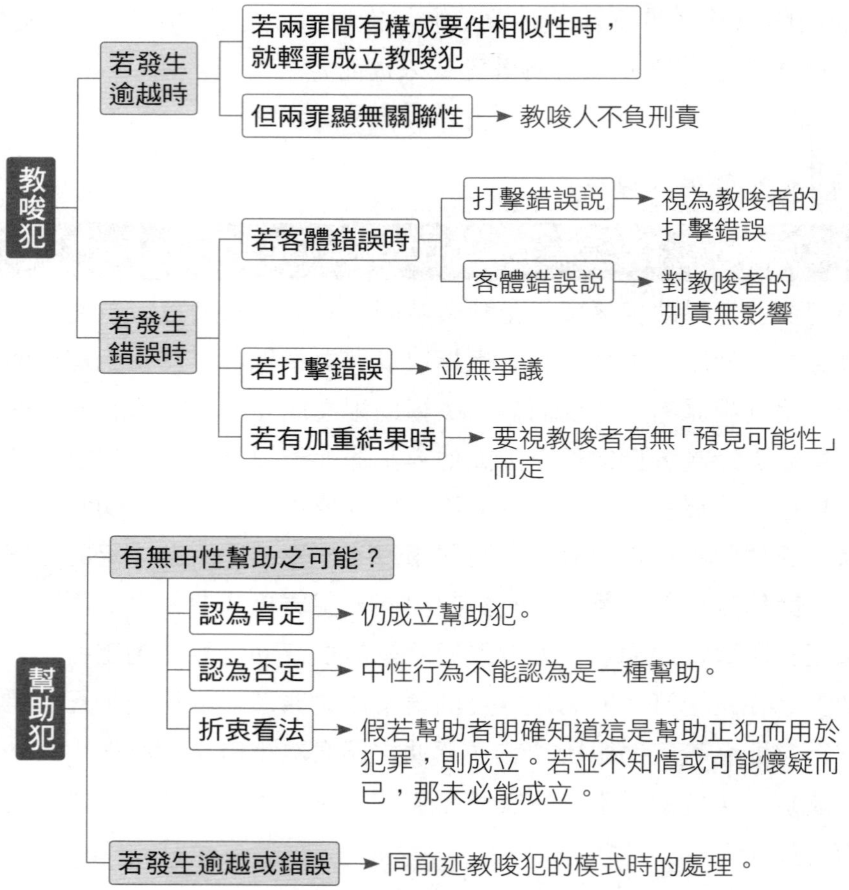
教唆犯
若發生逾越時
若兩罪間有構成要件相似性時，就輕罪成立教唆犯
但兩罪顯無關聯性
教唆人不負刑責
若發生錯誤時
若客體錯誤時
打擊錯誤說
視為教唆者的打擊錯誤
客體錯誤說
對教唆者的刑責無影響
若打擊錯誤
並無爭議
若有加重結果時
要視教唆者有無「預見可能性」而定
幫助犯
有無中性幫助之可能？
認為肯定
仍成立幫助犯。
認為否定
中性行為不能認為是一種幫助。
折衷看法
假若幫助者明確知道這是幫助正犯而用於犯罪，則成立。若並不知情或可能懷疑而已，那未必能成立。
若發生逾越或錯誤
同前述教唆犯的模式時的處理。

爭點

6 身分犯與非身分犯的競合處理

這個問題規定在刑法第31條：「因身分或其他特定關係成立之罪，其共同實行、教唆或幫助者，雖無特定關係，仍以正犯或共犯論。但得減輕其刑。

因身分或其他特定關係致刑有重輕或免除者，其無特定關係之人，科以通常之刑。」

身分犯區分為純正身分犯與不純正身分犯，而純正身分犯就是只有具備此身分之人才能犯罪、才有刑事責任，譬如：公務員身分，所以在公務員圖利、瀆職罪，只有具備公務員身分才能構成該條。而不純正身分犯就是一般人也可以構成犯罪，但是如果遇到特定身分之人，而刑責有加、減的處理。譬如：竊盜罪，每個人都能構成，但是如果是近親之人行竊，則規定有減輕其刑。

而身分犯的問題也出現在正犯與共犯，**實務見解**基本上就是按法條規定，採取擬制效果**。

譬如：甲告訴乙，乙父在家中有保險箱，內有大批珠寶，於是遊說乙一同行竊，甲、乙共同行竊後，馬上就被乙父發覺了，甲、乙各構成何罪？依刑法第31條規定，甲會成立普通竊盜罪，乙成立近親竊盜罪。這是依照法條操作所得之法律效果，也是一貫的實務見解。

但是有**學說**認為第2項的規定是在處理不純正身分犯，實務上採擬制成為共同犯，因為無身分者難以擬制成為有身分者，那又規定有減輕其刑的法律效果，似乎還是回到了共犯的法律效果。

實務加油站

1 臺灣高等法院107年上重訴字第42號刑事判決（侵占案）

復按因身分或其他特定關係成立之罪，其共同實行者，雖無特定關係，仍以正犯論，觀諸刑法第31條第1項固明，但此專指該犯罪，原屬於具有一定之身分或特定關係之人，始能成立之犯罪，而於有他人加入、參與其犯罪之情形，縱然加入者無該特定身分或關係，仍應同受非難，乃以法律擬制，視同具有身分之正犯，故適用時，應併援引刑法第31條及第28條，以示論擬共同正犯之所從出，亦即擴大正犯之範圍，使無此身分或特定關係之人，變為可以成立身分犯罪。

2 最高法院104年台字第1684號刑事判決（貪汙治罪條例案）

因身分或其他特定關係成立之罪，其共同實行者，雖無特定關係，仍以正犯論，觀諸刑法第三十一條第一項固明，但此專指該犯罪，原屬於具有一定之身分或特定關係之人，始能成立之犯罪，而於有他人加入、參與其犯罪之情形，縱然加入者無該特定身分或關係，仍應同受非難，乃以法律擬制，視同具有身分之正犯，故適用時，應併援引刑法第三十一條及第二十八條，以示論擬共同正犯之所從出，亦即擴大正犯之範圍，使無此身分或特定關係之人，變為可以成立身分犯罪。**反之，如實行犯罪之人（正犯），無特別之身分或關係，既祇能成立普通罪名之犯罪，甚或根本不該當構成犯罪之身分要件（非身分犯罪），則其他參與者，自亦無共同成立身分犯之餘地**。

精選例題

甲男與乙女為男女朋友，乙女任職於某公司擔任會計工作。甲男因生活奢華，需大量金錢，遂不斷甜言蜜語對乙女表示，為了兩人結婚後之創業基金所需，要求乙女利用職務之便挪用公司資金。乙女為甲男之言語迷惑，兩人共同策劃，在半年內挪用乙女公司資金共1千萬元。後來東窗事發，乙女被依刑法第336條第2項業務侵占罪移送法辦。試問甲男可否與乙女論以刑法第336條第2項業務侵占罪之共同正犯？【99年高考法制】

破題關鍵

本題具有身分之人為女友乙，而甲並無，所以兩人共同策劃挪用公司1000萬元，要如何論處？

依照前述的**實務見解**：就是依照第31條來處理，也就是兩人均論以業務侵占罪的共同正犯；而**學說見解**則有不同意見，亦即：先擬制持有關係之身分後，再依第31條第2項規定，對於不具備業務身分之人論以普通侵占罪的共同正犯（這邊再提供有『其他的學說』看法，也就是認為無特定身分之人，並不能論以該特定犯罪之共同正犯，而只能論以共犯）。

7 競合篇

| 爭點 |

在修法後，實務上以集合犯、接續犯的處理標準

這個問題是因為刑法在95年修正後，廢除連續犯、牽連犯，所以後續實務見解對於有類似的實務案件，改採用「集合犯」、「接續犯」來處理。（**實務**上對此看起來似有標準，但界線上沒有很清楚。）

實務加油站

1 臺灣高等法院110年醫上訴字第1號刑事判決（違反醫師法）

刑事法若干犯罪行為態樣，本質上原具有反覆、延續實行之特徵，立法時既予特別歸類，定為犯罪構成要件之行為要素，**則行為人基於概括之犯意，在密切接近之一定時、地持續實行之複次行為，倘依社會通念，於客觀上認為符合一個反覆、延續性之行為觀念者，於刑法評價上，即應僅成立一罪。學理上所稱「集合犯」之職業性、營業性或收集性等具有重複特質之犯罪均屬之。而所謂之接續犯，係指數個在同時同地或密切接近之時地，侵害同一法益之行為，因各舉動之獨立性極為薄弱，社會通念認為無法強行分開，乃將之包括視為一個行為之接續進行，給予單純一罪之刑法評價**。次按醫師法第28條所謂之「醫療業務」，係指以醫療行為為職業者而言，乃以延續之意思，反覆實行同種類之行為為目的之社會活動，當然包含多數

之行為，是該條所謂之執行醫療業務，立法本旨即包含反覆、延續執行醫療行為之意，故縱多次為眾病患為醫療行為，雖於各次醫療行為完成時，即已構成犯罪，然於刑法評價上，則以論處單純一罪之集合犯為已足。

2 臺灣高等法院107年重上更一字第29號刑事判決（林益世違反貪汙治罪條例案）

被告為迫使中聯公司同意使地勇公司取得轉爐石承購權之目的，而基於同一恐嚇得利之犯意，先後對中聯公司翁朝棟、中鋼公司鄒若齊出言恫嚇，同時藉由翁朝棟之口使中聯公司金崇仁得悉而間接對金崇仁施加恫嚇，且恫嚇內容並無二致，**其犯罪時間緊密相連，各行為之獨立性極為薄弱，依一般社會健全觀念，難以強行分開，在刑法評價上，應視為數個舉動之接續施行，合為包括之一行為予以評價，屬接續犯，僅論以一罪**。

→以上的**實務見解**可以看得出來，基於同一犯意，在同一地、時，同一件事一直作、反覆作，會論以集合犯。而犯罪時間緊密相連、各行為間獨立性極為薄弱時，則要論以接續犯。

精選例題1

張三於100年間參加某市某屆里長選舉，於投票日前，基於當選為目的之犯意，對於選舉區內有投票權之里民50人以每票新臺幣500元行賄，而陸續期約該50名有投票權之人於投票日票投張三，嗣經人檢舉而查獲。問張三所犯投票行賄罪應如何處斷？

【102年高考法律廉政】

破題關鍵

對於賄選買票之行為，會認為是在一段時間內反覆、多次對於有投票權之人賄選買票之行為，所以**實務見解**認為偏向是「集合犯」之性質，故參照前述的**實務見解**，張三雖期約、行賄買票多次，只會論以一次的賄選罪。

精選例題2

甲於民國100年間參加某市市議員補選，並經登記為候選人，為求當選，夥同其未滿18歲之姪子乙，由乙先後陸續向選區內有投票權之友人A、B、C、D各交付每票新臺幣500元之買票錢，約他們於投票日將票投給甲，後經人檢舉而查獲，問甲、乙各應如何論處？

【103年警特三等】

破題關鍵

跟前面的題目考點相同。

8 沒收

| 爭點 |

❶ 沒收制度－原（舊法）的沒收客體以供犯罪所用之物為主，修正後之變化？

這個爭點就是供犯罪所用之物的範圍射程有多遠，假若是觸犯危險駕駛罪而致人受傷，那這台車該不該沒收？**而現新的實務見解採取有「促成、推進或減少阻礙的效果，就是供犯罪所用之物」**。

實務加油站

最高法院106年台上字第1374號刑事判決（駕駛營業用車性侵案）

修正刑法第三十八條第二項規定：「供犯罪所用、犯罪預備之物或犯罪所生之物，屬於犯罪行為人者，得沒收之。但有特別規定者，依其規定。」旨在藉由剝奪犯罪行為人所有以預防並遏止犯罪，而由法官審酌個案情節決定有無沒收必要。**所謂「供犯罪所用之物」，乃指對於犯罪具有促成、推進或減少阻礙的效果，而於犯罪之實行有直接關係之物而言**。由於供犯罪所用之物與犯罪本身有密切關係，透過剝奪所有權的沒收宣示，除能預防再以相同工具易地反覆非法使用之外，亦能向社會大眾傳達國家實現刑罰決心的訊息，對物之所有權人濫用其使用權利也產生更強烈的懲戒作用，寓有一般預防與特別預防之目的。在主觀要件上，本法雖未明文限制故意犯或過失犯，但過失行為人欠缺將物品納入犯罪實行媒介之主觀利用認識，並未背離其使用財產的合理限度或有濫權使用財產之情形，故無剝奪其財產權之必要，自應將犯罪工具沒收適用範圍限縮為故意犯，方符合目的性解釋。另在客觀要件上，應區分該供犯罪所用之物，是否為實現犯罪構成要件的事實前提，即欠缺該物品則無由成立犯罪，此類物品又稱為關聯客體，該關聯客體本身並不具促成、推進構成要件實現的輔助功能，故非供犯罪所用之物，其沒收必須有特別規定方得為之。例如不能安全駕駛罪，行為人所駕駛之汽車或機車即為構成該罪之事實前提，僅屬該罪之關聯客體，而不具促成、推進犯罪實現的效用，即非屬供犯罪所用而得行沒收之。至於犯罪加重構成要件中若有特別工具，例如攜帶兇器竊盜罪、利用駕駛供不特定人運輸之交通工具之機會犯強制性交罪，該兇器、交通工具屬於犯罪行為人者，分別對於基本構成要件之普通竊盜罪、強制性交罪而言，仍具有促成、推進功能，即屬於供犯罪所用之物，而在得沒收之列。原判決敘明上訴人自承未扣案營業小客車為其所有，並有車輛詳細資料報表附卷為憑，該車輛對於上訴人犯本件強制性交犯行具有促進之功能，屬供犯罪所用之物，因認有依修正後刑法第三十八條第二項前段、第四項規定，予以宣告沒收或追徵其價額之必要，於法並無不合。

→本則判決選為具參考價值之裁判，**實務見解**認為促成、推進或減少阻礙的效果，而於犯罪實行有直接關係之物，就是供犯罪所用之物。而當中特別另外提到，基本上要以「故意犯罪」類型，限縮作為沒收之範圍。

爭點

❷ 沒收－利得沒收

「利得沒收」規定於新刑法第38條之1、第38條之2。目的是為了貫徹「任何人不得保有因不法行為而來的獲利」之想法，這在民事法（如民法不當得利之規定）、行政法（如行政罰法第18、20條）中皆可看見。而從刑事法的角度來看，當行為人因不法行為獲得利益時，由於不容許其繼續擁有該不法利益，因而予以沒收，藉由此一衡平措施，將因犯罪行為而產生的不法利得變動，回歸至犯罪發生前應有的財產秩序。

因為這個概念主要引自於德國刑法，而立法理由及學者認為為了徹底剝奪犯罪所得，以遏止犯罪，所以犯罪所得及成本皆該沒收之。所以實務見解認為「先」要審查「利得存否」，「後」階段再判斷「沒收範圍」。也就是說，要先排除非與犯罪直接相關的中性支出，犯罪所得就是要與犯罪行為間有直接關聯性。而後面基本上是採取總額原則（不扣除說）。

實務加油站

1 最高法院110年台上字第1522號刑事判決（違反食品衛生管理法案）

有關犯罪所得之沒收，刑法第38條之1之立法理由二提及：「依實務多數見解，基於澈底剝奪犯罪所得以根絕犯罪誘因之旨趣，不問成本、利潤，均應沒收。」亦即**有關犯罪所得之沒收係採總額原則，不扣除成本。故於具體個案應先界定有無利**

得，若有利得，再判斷其利得範圍，此時始生不扣除成本之問題。原判決已敘明犯罪所得，屬於犯罪行為人者，沒收之；於全部或一部不能或不宜執行沒收時，追徵其價額；刑法第38條之1第1項前段、第3項分別定有明文。為避免被告因犯罪而坐享犯罪所得，顯失公平正義，而無法預防犯罪，且與任何人都不得保有犯罪所得之原則有悖，基於利得沒收並非刑罰，性質上屬類似不當得利之衡平措施，採總額原則，不僅使宣告利得沒收於估算數額上成為可行，且在淨利之外剝奪所得，更可使利得沒收之當事人，在犯罪前必須思考承受可罰行為之風險，藉此強調投入非法事業的一切投資皆會血本無歸，與剝奪所得主要是為追求預防犯罪之目的相契合，故沒收利得並不扣除其支出之犯罪成本。

2 最高法院106年台上字第3464號刑事判決（偽造文書案）

沒收新制下犯罪所得之計算，應分兩層次思考，於前階段先界定「利得存否」，於後階段再判斷「利得範圍」。申言之，在前階段利得之存否，係基於直接性原則審查，以利得與犯罪之間是否具有直接關聯性為利得存否之認定。而利得究否與犯罪有直接關聯，則視該犯罪與利得間是否具有直接因果關係為斷，若無直接關聯，僅於符合刑法第38條之1第4項所規定之利用及替代品之間接利得，得予沒收外，即應認非本案之利得，而排除於沒收之列。此階段係在確定利得與犯罪之關聯性，**故就必要成本（如工程之工資、進料）、稅捐費用等中性支出，則不計入直接利得；於後階段利得範圍之審查，依刑法第38條之1之立法意旨，係以總額原則為審查，凡犯罪所得均應全部沒**

收，無庸扣除犯罪成本。如向公務員行賄之賄款或性招待之支出，因屬犯罪之支出，依總額原則，當不能扣除此「犯罪成本之支出」。同理，被告犯罪所得之證據調查，亦應分兩階段審查，於前階段「利得存否」，因涉及犯罪事實有無、既未遂等之認定，及對被告、第三人財產權之干預、剝奪，故應適用嚴格證明法則予以確認，並應於審判期日依法定程序進行調查；於後階段「利得範圍」，由事實審法院綜合卷證資料，依自由證明法則釋明其合理之認定依據即足。

→本則判決被選為具參考價值裁判，當中交代**實務見解**對於沒收制度對犯罪所得該如何的判定，此外再區分所謂的中性成本，這就是不需要列入沒收範圍，而其餘的採取總額原則，以防止犯罪行為人認為還是有可能有不法所得之空間，甚至鼓勵其再次犯罪的可能，故在修正後沒收範圍加大。

爭點

3 共同正犯間犯罪所得如何沒收？

這個爭點算是近幾年重要的爭點，因為在金融犯罪頻頻發生下，犯罪所得的計算就是非常重要的問題。在金融案件論是否符合構成要件是一件事情，但是科刑又是另外一件事，刑責在金融案件中相當在意犯罪所得的多寡，所以當金融犯罪所得100萬與1000萬的刑責，不會是相同的（還有億元條款）。

在**實務見解**上，在原有的見解上，是採共同沒收說的，但是後續有了變更，在104年的決議採取了分別沒收的見解，然後**實務見解**對此還是有些許的爭議，而在台開案中的判決認為要視成員間有無「事實上的處分權」。

實務加油站

1 臺灣高等法院109年金上訴字第38號刑事判決（違法吸金案）

而按銀行法第125條第1項後段非銀行違法吸金之「犯罪所得」達1億元以上加重其刑之規定，其立法意旨，係在處罰行為人（包括共同正犯）違法吸金之規模，**因此，所稱「犯罪所得」，在解釋上自應以行為人對外所吸收之全部資金（包括共同正犯被吸收之資金）、因犯罪取得之報酬及變得之物或財產上之利益為其範圍，且於計算「犯罪所得」，無所謂應扣除已返還或將來應返還予被害人之本金或成本之問題。又本條項後段之規定，係鑒於行為人違法吸金之規模及影響社會金融秩序重大，而認有加重刑罰之必要，是以在計算「犯罪所得」時，仍應依共同正犯責任共同之原則，合併計算之**。此與行為人「犯罪所得之沒收」，係為貫徹個人責任原則及罪責相當原則，而以各該共同正犯實際取得或可支配者為準，無民法連帶觀念之事用，分屬二事。又犯罪行為人對外違法吸金後，該犯罪行為即屬既遂，不論犯罪行為人事後有無依約返還投資人所投資之本金，抑或用以支付業務人員佣金、公司管銷費用等，均無礙其先前已成立違法吸金之行為，是於計算上揭犯罪所得時，自無予以扣除之必要，原吸收資金之數額俱屬犯罪所得，不應以事後損益利得計算。

2 臺灣高等法院108年金上重更五字第11號刑事判決（台開案更五審）

再者，**共同實行犯罪行為之人，在合同意思範圍以內，各自分擔犯罪行為之一部，相互利用他人之行為，以達其共同犯罪之目的者，即應對於全部所發生之結果共同負責，而成立相同之罪名。此共同正犯對於犯罪行為及結果責任共同之原則，與犯罪成立後，為使犯罪行為人不能坐享犯罪成果，以杜絕犯罪誘因，應依共同正犯個人實際犯罪利得諭知沒收，以剝奪各共同正犯實際分得之犯罪所得，兩者之觀念與涵意，並不相同**。又107年1月31日修正公布之證券交易法第171條第2項規定，係考量行為人有同條第1項所列各款之犯罪時，如因犯罪獲取之財物或財產上利益金額達1億元者，對金融交易秩序危害較為嚴重，故予以加重處罰，至於**同條第7項則係針對犯罪所得，配合刑法沒收新制所為之修正二者性質及概念均有不同。是以數人基於共同犯意聯絡，彼此分擔傳遞消息、買入股票等內線交易行為之分工，縱算是各自出資、自負盈虧，仍應將共同正犯所獲取之財物及財產上利益全部合併計算，方能如實反映其等內線交易之淨利規模及共同對金融市場交易秩序之危害程度，始符合同條第2項加重處罰規定之立法意旨**。

然苟無犯罪所得，自不生利得剝奪之問題，固不待言，至二人以上共同犯罪，關於犯罪所得之沒收、追繳或追徵，倘個別成員並無犯罪所得，且與其他成員對於所得亦無事實上之共同處分權時，同無「利得」可資剝奪，特別在集團性或重大經濟、貪污犯罪，不法利得龐大，一概採取絕對連帶沒收、追繳或追徵，對未受利得之共同正犯顯失公平。有關共同正犯犯罪所得

> 之沒收、追繳或追徵，本院向採之共犯連帶說，業於民國一〇四年八月十一日之一〇四年度第十三次刑事庭會議決議不再援用、供參考，並改採沒收或追徵應就各人所分得者為之之見解。又所謂各人「所分得」，係指各人「對犯罪所得有事實上之處分權限」，法院應視具體個案之實際情形而為認定：倘若共同正犯各成員內部間，對於不法利得分配明確時，固應依各人實際分配所得沒收；然若共同正犯成員對不法所得並無處分權限，其他成員亦無事實上之共同處分權限者，自不予諭知沒收；至共同正犯各成員對於不法利得享有共同處分權限時，則應負共同沒收之責。

→本則判決被編選為具參考價值之裁判，當中已經清楚說明，104年的決議是改採分別沒收說。但是本則判決提出假若共犯間「並沒有」「事實上處分權」時，就是要採取「分別沒收說」，但是如果共犯間就是「享有共同處分權限」時，那還是回歸「共同沒收說」。回歸到台開案，因為台開案對於犯罪所得計算一直有問題，所以一再發回更審，而共犯所得計算也是很大的問題，事實上當趙建銘與其他人買台開的股票時，有沒有講好什麼時候進？什麼時候賣出？應該是沒有的，只是知道台開的內線消息而買，所以是各自出資、各負盈虧，那應該有權決定處分的範圍應該就是自己的部分，所以個人認為在內線交易案件還是應該要採取「分別沒收計算」。

精選例題

A、B是詐騙集團成員。A以網路郵件向被害人施行詐術，B擔任出面向被害人收取款項之車手，負責將所收取之款項交付A。二人詐得財物合計新臺幣（下同）100萬元。A將100萬元放在自家保管，並口頭約定給B 50萬元作為報酬，惟B於取得報酬前，兩人即經警查獲。警察調查100萬元所在，得知A將30萬元贈與女友C花費，剩下70萬元下落不明。請說明法院應如何判決沒收犯罪所得？　【109年調查局四等】

破題關鍵

本題就是在於沒收新制的法條操作，A所詐得100萬元就是應該沒收，而B對此並無處分權，依照前述104年的決議見解，應只對A諭知沒收之判決。

而A贈與C 30萬元，可以用第1款的違法取得或是第2款的無償取得，而予以沒收之，而剩下的70萬元不知所向，則仍應對A諭知追徵70萬元之沒收判決。

NOTE

第二篇

具有指標性的實務見解及模擬試題

1 大法庭裁定

(一) 108年度台上大字第2306號

1 裁判要旨

行為人以一行為觸犯組織犯罪防制條例第3條第1項後段之參與犯罪組織罪，及刑法第339條之4第1項第2款之加重詐欺取財罪，依刑法第55條前段規定從一重之加重詐欺取財罪處斷而為科刑時，於有預防矯治其社會危險性之必要，且符合比例原則之範圍內，由法院依組織犯罪防制條例第3條第3項規定，一併宣告刑前強制工作。

2 基礎事實

被告參與由他人所發起、主持具有持續性、牟利性之詐欺集團犯罪組織，在該集團擔任「車手」，並依集團成員之指示，提領被害人遭集團其他成員詐騙之款項，因而論斷被告所為係一行為觸犯組織犯罪防制條例第3條第1項後段之參與犯罪組織罪，及刑法第339條之4第1項第2款之加重詐欺取財罪，並依想像競合犯關係從一重論被告以加重詐欺取財罪。

3 法律爭議

被告以一行為觸犯組織犯罪防制條例第3條第1項後段之參與犯罪組織罪，及刑法第339條之4第1項第2款之加重詐欺取財罪，如依想像競合犯從一重之加重詐欺取財罪處斷，應否依較輕之參與犯罪組織罪所適用之組織犯罪防制條例第3條第3項規定，一併宣告刑前強制工作？

> ★ 因為依照組織犯罪條例第3條的規定，車手是屬於犯罪組織的成員，所以依照該條之規定，應「一律」宣告刑前強制工作，但是這樣是否符合比例原則？而本爭議點因為在最高法院刑事庭有不同之意見，故提交由大法庭來裁定之。

4 大法庭見解

(1) 依照刑法第55條之規定，如何評價才是適當？

刑法第55條想像競合犯之規定，既列在刑法總則編第七章「數罪併罰」內，且法文稱「一行為而觸犯數罪名」，則依體系及文義解釋，可知行為人所犯數罪係成立實質競合，自應對行為人所犯各罪，均予評價，始屬適當。此與法規競合僅選擇其中最適宜之罪名，為實質上一罪，明顯有別。換言之，想像競合犯本質上為數罪，各罪所規定之刑罰、沒收及保安處分等相關法律效果，自應一併適用，否則將導致成立數罪之想像競合與成立一罪之法規競合，二者法律效果無分軒輊之失衡情形，尚非立法者於制定刑法第55條時，所作之價值判斷及所欲實現之目的。

(2) 是否有重複評價之可能？

刑罰評價對象，乃行為本身；想像競合犯係一行為觸犯數罪名，為避免對同一行為過度及重複評價，刑法第55條前段規定「從一重處斷」。又刑法第33條及第35條僅就刑罰之主刑，定有輕重比較標準，因此上揭「從一重處斷」，僅限於「主刑」，法院應於較重罪名之法定刑度內，量處適當刑罰。至於輕罪罪名所規定之沒收及保安處分，因非屬「主刑」，故與刑法第55條從一重處斷之規定無關，自得一併宣告。

(3) 一律宣告刑前強制工作，是否有為罪刑法定原則？

罪刑法定原則，指法律就個別犯罪之成立要件及法律效果，均應明確規定，俾使人民能事先預知其犯罪行為之處遇。參與犯罪組織罪和加重詐欺取財罪之構成要件與刑罰，均分別在組織犯罪防制條例及刑法中，定有明文。行為人以一行為觸犯組織犯罪防制條例第3條第1項後段之參與犯罪組織罪，及刑法第339條之4第1項第2款之加重詐欺取財罪，於從一重之加重詐欺取財罪處斷而為科刑時，因所犯輕罪（參與犯罪組織罪）之刑罰以外之法律效果，即組織犯罪防制條例第3條第3項強制工作之規定，並未被重罪所吸收，仍應一併適用。因此，上開對刑法第55條前段規定，在文義射程範圍內，依體系及目的性解釋方法所為之闡釋，屬法律解釋範疇，並非對同條但書所為擴張解釋或類推適用，亦與不利類推禁止之罪刑法定原則或罪刑明確性原則無違。

(4) 如果是參與情節輕者，雖有減輕其刑之規定，但是同條第3項規定，仍一律令入勞動場所強制工作，是否與法律合憲性解釋、比例原則有違呢？

修正前組織犯罪防制條例，對發起、主持、操縱、指揮或參與集團性、常習性及脅迫性或暴力性犯罪組織者，應於刑後強制工作之規定，經司法院釋字第528號解釋尚不違憲；嗣該條例第2條第1項所稱之犯罪組織，經二次修正，已排除原有之「常習性」要件，另將實施詐欺手段之具有持續性或牟利性之有結構性組織，納入本條例適用範圍，並對參與犯罪組織之行為人，於第3條第1項後段但書規定「參與情節輕微者，得減輕或免除其刑」。惟同條第3項仍規定「應於刑之執行前，令入勞動場所，強制工作，其期間為三年」，而未依個案情節，區分行為人是否具有反社會的危險性及受教化矯治的必要性，一律宣付刑前強制工作3年。然則，衡諸該條例所規定之強制工作，性質上原係對於有犯罪習慣，或因遊蕩、懶惰成習而犯罪者，所為之處置，修正後該條例既已排除常習性要件，從而，本於法律合憲性解釋原則，依司法院釋字第471號關於行為人有無預防矯治其社會危險性之必要，及比例原則等與解釋意旨不相衝突之解釋方法，為目的性限縮，對犯該條例第3條第1項之參與犯罪組織罪者，視其行為之嚴重性、表現之危險性、對於未來行為之期待性，以及所採措施與預防矯治目的所需程度，於有預防矯治其社會危險性之必要，且符合比例原則之範圍內，由法院依該條例第3條第3項規定，一併宣告刑前強制工作。

模擬試題

某甲因為家中成員(弟弟)涉及車禍案件一事,母親一再拜託幫忙協助弟弟賠償給當時遭撞之被害人,故某甲想說試試看來辦信用貸款,但是問了好幾家銀行,都是說信用評比分數不高為由而婉拒。但某甲一天在網路上輸入關鍵字「信貸、過件」幾個字,就跳出信件,可幫忙某甲辦信貸,但是要提供自身的銀行帳號給他們,代辦業者會再把一筆錢存入,企圖做出某甲是有錢的樣子(此部分是業者所說的)。某甲雖認為有疑,但還是照做了,隨後代辦業者指示他已經把錢存入其帳號內,所以要把錢領出來還給代辦業者,某甲先是確認自己的帳戶的確有入帳大筆款項,隨後至銀行臨櫃取款,事後也交給自稱是代辦業者的業務員並簽收之。在此之後,某甲收到地檢署的通知,表示涉及到詐欺罪、洗錢防制法。試問:如果地檢署起訴本案某甲,認為某甲提供帳戶、也將款項提出,應該是詐騙集團的一分子,故法院認為對此應該依照犯罪組織條例第3條第1項之規定,應宣告刑前強制工作,是否有理?

破題關鍵

本題就是與前述的大法庭裁定有關的實例,大法庭提出了要視個案被告有無一再反覆擔任車手(提款之人)或是擔任犯罪集團之核心人物而定。

因此對於此爭議,可以先提出正、反兩說(也就是肯定一律刑前宣告強制工作說及否定一律刑前宣告強制工作說),最後則提出折衷標準說(也就是大法庭之見解),再涵攝入本案的某甲行為,某甲就是一個被騙的受害人,所以不會是犯罪集團的核心人物、亦無反覆擔任車手之人,所以依大法庭所裁定之見解,某甲不須宣告刑前強制工作。

(二) 108年度台上大字第3563號刑事裁定

1 裁判要旨

行為人以一行為而觸犯普通侵占罪及販賣第三級毒品罪，其普通侵占罪雖經發覺，而不合自首之規定，但販賣第三級毒品罪，如於未發覺前自首而受裁判，仍有刑法第62條前段減輕其刑規定之適用。

2 基礎事實

上訴人明知所持有之第三級毒品愷他命，乃綽號「〇哥」所有，為籌款營救因他案遭逮捕之友人，竟將上開毒品據為己有，並同時販賣予他人，因而以上訴人係一行為觸犯刑法第335條第1項之普通侵占罪，及毒品危害防制條例第4條第3項之販賣第三級毒品罪，依想像競合犯之規定，從一重論處販賣第三級毒品罪刑。本案查獲之經過，乃警方先發覺上訴人前述普通侵占罪嫌，拘提到案後，上訴人主動供出前開販賣毒品之事實，警方始一併偵辦。

3 法律爭議

上訴人以一行為觸犯普通侵占罪及販賣第三級毒品罪；其中普通侵占罪部分，雖為偵查犯罪職權之公務員或機關（下稱偵查機關）所發覺，不符刑法第62條自首之規定；然就其所犯之販賣第三級毒品罪部分，則係上訴人於偵查機關知悉前，主動供出，而接受裁判。於此情形，上訴人自動供承之販賣第三級毒品犯罪部分，有無刑法第62條自首規定之適用？

4 大法庭見解

(1) 對於自首的要件

對於未發覺之罪自首而受裁判者，得減輕其刑，刑法第62條前段定有明文。所謂「發覺」，乃指偵查機關知悉或有相當之依據合理懷疑犯罪行為人及犯罪事實而言。是自首之成立，須行為人在偵查機關發覺其犯罪事實前，主動向偵查機關申告，並接受裁判為要件。此主動申告未經發覺之罪，而受裁判之法律效果，在德、美兩國係列為量刑參考因子，予以處理，我國則因襲傳統文化，自刑法第57條抽離，單獨制定第62條，成為法定減輕其刑要件。嗣後再參酌日本法例，於民國94年2月2日修正公布、95年7月1日施行之刑法，將自首由必減輕，修正為得減輕，依其修正理由所載：因自首之動機不一而足，為使真誠悔悟者可得減刑自新之機，而狡黠陰暴之徒亦無所遁飾，以符公平等旨，堪認自首規定之立法目的，兼具獎勵行為人悔改認過，及使偵查機關易於偵明犯罪之事實真相，以節省司法資源，並避免株連疑似，累及無辜。

(2) 如何解釋法律？

首應從法條之字面意義為解釋（文義解釋），如解釋結果，有多種涵義之可能性時，則應依法條在立法總體系中之地位和意義（體系解釋）、立法者真意（歷史解釋）、法條規範之目的及倫理價值（目的性解釋），抑或合乎憲法規定或其所宣告基本價值（合憲性解釋）等解釋方法，在法條文義所及之範圍內，闡明法律之真義，以期正確妥當之適用。而想像競合犯，在犯罪評價上為數罪，僅在科刑上從一重處斷，就此以觀，該未為偵查機關發覺之部分犯罪事實，自屬前開條文所稱「未發覺之罪」文義射程之範圍；再者，如行為人於偵查機關發覺前，主動供出，偵查機關即因行為人之供述，得悉整個犯罪之全貌，進而依法偵辦，自有助益偵查；且其主動申告尚未被發覺部分之罪，擴大犯罪之不法及罪責內涵，依社會通念，多有悔改認過之心。是依文義、體系、歷史及目的性等解釋方法，裁判上一罪之想像競合犯，行為人就未發覺之重罪部分之犯罪事實，主動供出，接受裁判，於從該重罪處斷時，應認有自首減輕其刑規定之適用，始合乎該法條之文義及立法意旨，並符事理之平及國民之法律感情。

(3) 起訴的犯罪事實與自首的犯罪事實是否相同？

刑法第62條向偵查機關自首之「犯罪事實」，與訴訟法上起訴或認定之「犯罪事實」，乃不同之概念。前者，行為人所供述者，為過去發生之單純社會事實，至是否成立自首，由法院依法認定之；而後者，檢察官所起訴者，乃已經賦予法律評價之法律事實，評價之對象為實體法上應予非難之行為。故而想像競合犯自首事實之認定，尚無程序法上起訴及審判不可分法理之適用。

☆ 本案上訴人所犯普通侵占罪之事實（輕罪部分），因業經偵查機關發覺，固不能獲自首減輕其刑之寬典，惟就其從一重處斷之販賣第三級毒品罪部分（重罪部分），既在偵查機關發覺前，主動供出而接受裁判，大法庭最後的結論認為有自首減輕其刑規定之適用。

模擬試題

某乙有長期吸毒之習慣，某日毒友丙留下了一批毒品，要求乙幫忙保管之。乙先是自己來吸食，後來乙剛好缺錢，乙就心生歪念，就丙所留之毒品拿去販賣給第三人丁，後續檢警獲知線報乙有大批毒品在身，隨後也破獲之，試問：如果乙表示有販賣毒品一事，希望能透過自首來減輕其刑，是否可能？

破題關鍵

就此爭議，過往實務見解認為自首必須符合要件，也就是犯罪尚未發覺而主動申告之，才能算是自首。但是某乙已經因為侵占丙的毒品，此事亦由檢警偵辦中，故對於某乙事後再主動向檢警供述有販賣毒品一事，希望能有所減刑；在這個時間點檢警已經在偵辦中，此時再供出販賣，是否仍能符合自首要件？

對此大法庭的見解區分成，若觸犯「較輕之罪」在偵辦中，但「較重之罪」尚未發覺而主動供述自首，且願意接受裁判者，是有符合自首之要件。

(三) 108年度台上大字第3101號刑事裁定

1 裁判要旨

行為人提供金融帳戶提款卡及密碼予不認識之人，非屬洗錢防制法第2條所稱之洗錢行為，不成立同法第14條第1項一般洗錢罪之正犯；如行為人主觀上認識該帳戶可能作為收受及提領特定犯罪所得使用，他人提領後即產生遮斷資金流動軌跡以逃避國家追訴、處罰之效果，仍基於幫助之犯意而提供，應論以幫助犯同法第14條第1項之一般洗錢罪。

2 基礎事實

上訴人黃○宥於民國106年10月12日前之某時（在106年6月28日洗錢防制法修正施行之後），將其名下之金融帳戶提款卡及密碼等資料，提供給不認識之成年人甲使用，嗣甲在臉書網站刊登販售行動電話之虛假訊息，使被害人陷於錯誤，依指示匯款至上訴人名下之金融帳戶內，旋遭甲提領一空。

3 法律爭議

行為人提供金融帳戶提款卡及密碼給詐欺犯，嗣詐欺犯將之作為被害人匯入款項之用，並予提領，行為人是否成立洗錢防制法第14條第1項之一般洗錢罪？

4 大法庭見解

(1) 洗錢的定義及要件為何？

洗錢防制法所稱之「洗錢」行為，依第2條之規定，係指：

一、意圖掩飾或隱匿特定犯罪所得來源，或使他人逃避刑事追訴，而移轉或變更特定犯罪所得；二、掩飾或隱匿特定犯罪所得之本質、來源、去向、所在、所有權、處分權或其他權益者；三、收受、持有或使用他人之特定犯罪所得。並於第14條、第15條規定其罰則，俾防範犯罪行為人藉製造資金流動軌跡斷點之手段，去化不法利得與犯罪間之聯結。申言之，洗錢防制法之立法目的，在於防範及制止因犯第3條所列之特定犯罪而取得或變得之財物或財產上利益及其之孳息，藉由包含處置（即將特定犯罪所得直接予以移轉或變更）、分層化（即以迂迴層轉、化整為零之多層化包裝方式，掩飾或隱匿特定犯罪所得）及整合（即收受、持有或使用他人之特定犯罪所得，使之回流至正常金融體系，而得以合法利用享受）等各階段之洗錢行為，使其形式上轉換成為合法來源，以掩飾或切斷特定犯罪所得與犯罪之關聯性，而藉以逃避追訴、處罰。

(2) 行為人提供金融帳戶提款卡及密碼供他人使用，是否成立一般洗錢罪，須處理下列3項核心問題：

A. 一般洗錢罪是否以「特定犯罪已發生」或「特定犯罪所得已產生」為必要？

一般洗錢罪與特定犯罪係不同構成要件之犯罪，各別行為是否該當於一般洗錢罪或特定犯罪，應分別獨立判斷，特定犯罪僅係洗錢行為之「不法原因聯結」，即特定犯罪之「存在」及「利得」，僅係一般洗錢罪得以遂行之情狀，而非該罪之構成要件行為。特定犯罪之既遂與否和洗錢行為之實行間，不具有時間先後之必然性，只要行為人實行洗錢行為，在後續因果歷程中可以實現掩飾、隱匿特定犯罪所得之效果，即得以成立一般洗錢罪，並不以「特定犯罪已發生」或「特定犯罪所得已產生」為必要。

B. 一般洗錢罪之主觀犯意，是否必須「明知」或「知悉」（明知或預見）洗錢標的財產為犯罪所得？

洗錢防制法第2條修正之立法說明第4點，已敘明有關是否成立該條第3款洗錢行為之判斷重點「在於主觀上是否明知或可得而知所收受、持有」，即不以「明知」為限。且英美法之犯罪主觀要件與我國刑法規定差異甚大，解釋上不宜比附援引，而應回歸我國刑法有關犯罪故意之規定處理，對於構成犯罪之事實，除法律明定以「明知」為要件，行為人須具有確定故意（直接故意）外，犯罪之故意仍應包含確定故意、不確定故意（未必故意或間接故意），洗錢行為並無「明知」之要件，在解釋上自不能限於確定故意。

C. 提供金融帳戶提款卡及密碼予不認識之他人使用，是否係洗錢防制法第2條規定之「洗錢」行為？

(A) 提供金融帳戶提款卡及密碼之行為人，因已將帳戶之提款卡及密碼等物件提供他人使用，失去對自己帳戶之實際管領權限，若無配合指示親自提款，即無收受、持有或使用特定犯罪所得之情形，且無積極之移轉或變更特定犯罪所得之行為，故非屬洗錢防制法第2條第1款、第3款所稱之洗錢行為。

(B) 洗錢防制法第2條修正之立法說明第3點雖謂「…… 提供帳戶以掩飾不法所得之去向，例如：販售帳戶予他人使用……」等語，似以販售帳戶為洗錢類型之一，然其僅係單純之舉例，並未說明何以與掩飾、隱匿之要件相當。而文義解釋為法律解釋之基礎，立法者之意思僅屬對構成要件文義之眾多解釋方法之一，仍須就法條文字之規範目的及保護利益具體分析。一般而言，洗錢防制法第2條第2款之掩飾、隱匿行為，目的在遮掩、粉飾、隱藏、切斷特定犯罪所得與特定犯罪間之關聯性，是此類洗錢行為須與欲掩飾、隱匿之特定犯罪所得間具有物理上接觸關係（事實接觸關係）。而提供金融帳戶提款卡及密碼供他人使用，嗣後被害人雖匯入款項，然此時之金流仍屬透明易查，在形式上無從合法化其所得來源，未造成金流斷點，尚不能達到掩飾或隱匿特定犯罪所得之來源、去向及所在之作用，須待款項遭提領後，始產生掩飾、隱匿之結果。故而，行為人提供金融帳戶提款卡及密碼，若無參與後續之提款行為，即非洗錢防制法第2條第2款所指洗錢行為，無從成立一般洗錢罪之直接正犯。

(3) 提供金融帳戶提款卡及密碼之行為人是否成立一般洗錢罪之幫助犯？

刑法第30條之幫助犯，係以行為人主觀上有幫助故意，客觀上有幫助行為，即對於犯罪與正犯有共同認識，而以幫助意思，對於正犯資以助力，但未參與實行犯罪之行為者而言。幫助犯之故意，除需有認識其行為足以幫助他人實現故意不法構成要件之「幫助故意」外，尚需具備幫助他人實現該特定不法構成要件之「幫助既遂故意」，惟行為人只要概略認識該特定犯罪之不法內涵即可，無庸過於瞭解正犯行為之細節或具體內容。此即學理上所謂幫助犯之「雙重故意」。

是依一般人之社會通念，若見他人不以自己名義申請帳戶，反而收購或借用別人之金融帳戶以供使用，並要求提供提款卡及告知密碼，則提供金融帳戶者主觀上如認識該帳戶可能作為對方收受、提領特定犯罪所得使用，對方提領後會產生遮斷金流以逃避國家追訴、處罰之效果，仍基於幫助之犯意，而提供該帳戶之提款卡及密碼，以利洗錢實行，仍可成立一般洗錢罪之幫助犯。

☆ 行為人提供金融帳戶提款卡及密碼予不認識之人，固非屬洗錢防制法第2條所稱之洗錢行為，不成立一般洗錢罪之正犯；然行為人主觀上如認識該帳戶可能作為收受、提領特定犯罪所得使用，他人提領後會產生遮斷資金流動軌跡以逃避國家追訴、處罰之效果，仍基於「幫助之犯意」而提供，則應論以幫助犯一般洗錢罪。

模擬試題

某A為了找工作，每天都在網路上找尋工作機會，結果有匿名人士（自稱是「阿傑」）表示有一個賺錢的好機會，「只要去申請帳戶、提供帳戶」就好，每提供一個就給新台幣5000元，最後又說如果有擔心的話，之後可以去銀行把帳戶結清就好。A認為好像也沒什麼就申辦了幾個帳戶，也一併提供給「阿傑」，過了一個月之後，收到地檢署的傳票，上有記案由為詐欺罪等。試問：提供銀行帳戶之行為是否即該當洗錢行為？

破題關鍵

洗錢防制法第2條的洗錢行為之要件，必須目的在遮掩、粉飾、隱藏、切斷特定犯罪所得與特定犯罪間之關聯性，是此類洗錢行為須與欲掩飾、隱匿之特定犯罪所得間具有物理上接觸關係（事實接觸關係），所以提供銀行帳戶之行為，未必即具有洗錢之故意，只有提供帳戶而未有涉及到後續提領款項之所為，即代表在提供帳戶後隨即喪失帳戶管理權，即不成立洗錢罪的正犯，但是因為提供帳戶的行為，會幫助真正的洗錢正犯製造一個斷點，以逃避國家的訴追，故仍能論以洗錢罪的幫助犯。

(四) 最高法院刑事大法庭裁定108年度台上大字第4349號

上列上訴人等因違反證券交易法案件，本院刑事第六庭（徵詢及提案時為刑事第八庭）裁定提案之法律爭議（本案案號：108年度台上字第4349號，提案裁定案號：108年度台上大字第4349號），本大法庭裁定如下：

1 主文

證券交易法第171條第1項第1款之內線交易罪，因犯罪獲取之財物或財產上利益之計算方法，應視行為人已實現或未實現利得而定。前者，以前後交易股價之差額乘以股數計算之（即「實際所得法」）；後者，以行為人買入（或賣出）股票之價格，與消息公開後10個營業日收盤平均價格之差額，乘以股數計算之（即「擬制所得法」）。

計算前項利得之範圍，應扣除證券交易稅及證券交易手續費等稅費成本。

2 法律爭議

(1) 證券交易法（下稱證交法）第171條第1項第1款之內線交易罪，因犯罪獲取之財物或財產上利益，應如何計算？（下稱法律爭議一）。

(2) 計算內線交易因犯罪獲取之財物或財產上利益之範圍，應否扣除證券交易稅及證券交易手續費等稅費成本？（下稱法律爭議二）。

3 大法庭見解

(1) 法律爭議一

簡單言之，犯內線交線罪獲取之財物或財產上利益之計算方法，應視行為人已實現或未實現利得而定。前者，以前後交易股價之差額乘以股數計算之（即「實際所得法」）；後者，以行為人買入（或賣出）股票之價格，與消息公開後10個營業日收盤平均價格之差額，乘以股數計算之（即「擬制所得法」）。亦即，採用簡明方便之實際所得法，輔以明確基準之擬制所得法，援為犯內線交易罪獲取之財物或財產上利益之計算方法，不僅合於證交法之立法目的，亦不悖離法律明確性、可預期性原則，有利於司法判斷之穩定及一致。

(2) 法律爭議二

A. 在證券交易市場買賣有價證券者，其證券交易稅係由出賣有價證券人負擔，並由證券經紀商負責代徵、繳納，證券交易稅條例第2條第1款、第3條及第4條第1項第2款分別定有明文。另依證交法第85條規定，證券交易手續費係由證券經紀商向委託人收取。亦即，依現行證券交易市場之款券交割機制，買賣股票者，不論其原因、動機為何，均應依法繳交前述稅、費，不能拒繳或免除此部分支出，且係由證券經紀商結算後，直接將扣除應繳稅、費之餘額匯給股票出賣人，股票投資人並未實際支配過前述稅、費。從而，實務上對於因內線交易罪獲取之財物或財產上利益之範圍，向來多採「差額說」（或稱「淨額說」），即應扣除證券交易稅與證券交易手續費，以貼近真實利得之計算方法。

B. 107年1月31日修正公布證交法第171條第2項，將「犯罪所得」修正為「因犯罪獲取之財物或財產上利益」，其修正理由說明：「原第二項之『犯罪所得』，指因犯罪該股票之市場交易價格，或當時該公司資產之市值為認定基準，而不擴及之後其變得之物或財產上利益及其孳息。其中關於內線交易之犯罪所得，司法實務上亦認為計算時應扣除犯罪行為人之成本（最高法院九十六年度台上字第七六四四號刑事裁判參照），均與一百零四年十二月三十日修正公布之刑法第三十八條之一第四項所定沒收之『犯罪所得』範圍，包含違法行為所得、其變得之物或財產上利益及其孳息，且犯罪所得不得扣除成本，有所不同。為避免混淆，造成未來司法實務犯罪認定疑義，爰將第二項『犯罪所得』修正為『因犯罪獲取之財物或財產上利益』，以資明確。」等旨，明揭「因犯罪獲取之財物或財產上利益」，係指因犯罪而直接取得之直接利得，不包含間接利得，且應扣除成本，與刑法沒收新制下「犯罪所得」之範圍，有所區別，為避免混淆，乃予修正。且同條第4項、第5項、第7項關於「沒收」或「犯罪後自首、偵查中自白，如繳交犯罪所得」等條文，仍維持「犯罪所得」之用語。足見立法者有意將「因犯罪獲取之財物或財產上利益」與沒收之「犯罪所得」明白區隔，兩者概念各別，範圍不同，應予明辨。

本則大法庭裁定列出之原因，就是在於刑法沒收制度修正後與金融法相競合下而產生扞格不入的情形。因為沒收新制就是採取「總額說」的看法，也就是不管成本或所得皆是沒收，但在內線交易罪中，過往的見解就是採取「差額說」的看法，所以在沒收制度修正後，刑事庭有了不同之見解爭議，到底是要以過往見解採差額說？還是總額說（不扣除成本說）？雖然，沒收制度是遍布在各種犯罪中，但是在財經刑法中有了例外，故特列出本則裁定，請多注意！

(五) 最高法院110年度台上大字第5660號刑事裁定

1 裁判要旨

被告構成累犯之事實及應加重其刑之事項，均應由檢察官主張並具體指出證明之方法後，經法院踐行調查、辯論程序，方得作為論以累犯及是否加重其刑之裁判基礎。

2 基礎事實

上訴人張○群因涉犯非法寄藏可發射子彈具殺傷力之槍枝、殺人未遂罪嫌，經檢察官提起公訴，起訴書未請求對上訴人所為上開犯行依累犯規定加重其刑。法院於審理時，檢察官亦未就上訴人構成累犯事實以及應加重其刑之事項，有所主張並具體指出證明之方法。事實審法院於判決時，自行認定上訴人犯行成立累犯，並依累犯規定加重其刑。

3 法律爭議

關於被告構成累犯之事實以及應加重其刑之事項，檢察官應否基於「改良式當事人進行主義」之精神，踐行主張並具體指出證明方法之責任。亦即，依司法院釋字第775號解釋所揭示，將累犯「必」加重其刑變更為「可裁量」事項之意旨，法院於審酌被告是否適用累犯規定而加重其刑時，訴訟程序上應否先由檢察官就被告構成累犯之前階段事實以及應加重其刑之後階段事項，主張並具體指出證明之方法後，法院才需進行調查與辯論程序，而作為是否加重其刑之裁判基礎？

4 大法庭之見解

法院於審酌被告是否適用累犯規定而加重其刑時，訴訟程序上應先由檢察官就前階段被告構成累犯之事實，以及後階段應加重其刑之事項，主張並具體指出證明方法後，法院才需進行調查與辯論程序，而作為是否加重其刑之裁判基礎。前階段構成累犯事實為檢察官之實質舉證責任，後階段加重量刑事項為檢察官之說明責任，均應由檢察官分別負主張及具體指出證明方法之責。倘檢察官未主張或具體指出證明方法時，可認檢察官並不認為被告構成累犯或有加重其刑予以延長矯正其惡性此一特別預防之必要，且為貫徹舉證責任之危險結果所當然，是法院不予調查，而未論以累犯或依累犯規定加重其刑，即難謂有應調查而不予調查之違法。

大法庭見解認為是不是構成累犯是前階段必須判斷的問題，然後階段則需要對於是否加重刑度一事再為討論，而且前階段必須要由檢察官負起實質舉證責任，後階段則要由檢察官負起說明為何需加重之責任，若有欠缺，則屬於應調查而不予調查之違法判決。

(六) 111年台非大字第34號

1 裁判要旨

被告前所犯罪依軍法受裁判，於民國95年7月1日修正刑法第49條施行前受徒刑之執行完畢，復於5年以內即同條修正施行日之後，故意再犯有期徒刑以上之罪者，不適用累犯之規定。

2 基礎事實

被告於93年間因違反部屬職責之軍法案件，經國防部東部地方軍事法院處有期徒刑1年2月確定，嗣於94年10月2日執行完畢（下稱「軍法前案」）。被告復於96年5月11日，嗣後因共同販賣第二級毒品犯行，經臺灣高等法院花蓮分院審理，最後論處共同販賣第二級毒品累犯罪刑確定。

3 法律爭議

被告於刑法第49條規定修正前，因犯罪受軍法裁判處有期徒刑確定，並執行完畢（未受司法最終審查，即「軍法前案」）後，

5年以內即刑法第49條規定修正刪除「依軍法」受裁判者不適用累犯規定後，故意再犯有期徒刑以上之罪（即「後案」），有無刑法第47條第1項關於累犯規定之適用？

4 大法庭見解

(1) 刑法第47條第1項規定：「受徒刑之執行完畢，或一部之執行而赦免後，五年以內故意再犯有期徒刑以上之罪者，為累犯，加重本刑至二分之一。」是關於累犯之成立，必須滿足前案為「受徒刑之執行完畢，或一部之執行而赦免後」（下稱第一階段要件）以及後案係於「5年以內故意再犯有期徒刑以上之罪」（下稱第二階段要件），二個具跨期間性之相關聯要件，疊加前後二階段之要件而綜合判斷，始足當之，缺一不可。而該二階段要件之齊備與否，因各階段要件不同，終了時點可分，且係分階段實現確立，評價其法律效果時，自須分別依各該階段要件之事實終了時的法規範個別涵攝判斷，並非單以第二階段要件之事實終了時之法規範決之，而忽略第一階段要件之事實終了時有效存在之法規範的涵攝結果，始符合罪刑法定主義之精神。

(2) 修正前刑法第49條規定：「累犯之規定，於前所犯罪依軍法……受裁判者，不適用之。」明文將被告於95年7月1日前受徒刑執行完畢或一部之執行而赦免之「軍法前案」，排除於該當「後案」累犯之第一階段要件外，形成確定（既存）之法律效果。易言之，此時已確立之法律地位，嗣後不能重複為對被告不利之負面評價。析言之，依第一階段要件之事實終了時（即「軍法前案」執行完畢或一部之執行而赦免時）

之法規範的涵攝結果，該「軍法前案」並非將來「後案」該當累犯之第一階段要件的法律效果，於「軍法前案」執行完畢或一部之赦免後，已屬確定，此乃罪刑法定主義「無法律即無刑罰」之內涵所當然。自不能將修正於後（並向後生效）之刑法第49條規定，回溯適用於「軍法前案」執行完畢或一部之赦免時之事實，而推翻業依修正前刑法第49條規定而確定之上開法律效果，「重新評價」為該當於「後案」刑罰類型性加重規定之累犯的第一階段要件，否則會對該確定之法律效果造成極度不利益於被告之重大衝擊，而有悖於罪刑法定主義之精神。

在本號裁定之見解強調刑法的罪刑法定主義，也就是修正前的刑法第49條之累犯規定，已規定到無受軍法審判者之適用，所以在95年修正後累犯之規定，不能對修法前已受軍事審判者而主張有其適用，否則自是有違罪刑法定主義。

(七) 111年台上大字第5557號裁定

1 裁判要旨

中華民國人民被訴在中華民國領域外（含香港與澳門）涉犯刑法第5條至第7條以外之罪，而無我國刑法之適用時，法院應依刑事訴訟法第303條第6款規定諭知不受理之判決。

2 基礎事實

被告係中華民國人民，得知告訴人高維辰因違反銀行法案件被通緝而藏匿在泰國，欲返國又恐遭羈押，遂與共同正犯2人，3人以上共同基於詐欺取財之犯意聯絡，先後於民國104年間在泰國曼谷，及於105年間在香港，對告訴人佯稱熟識警察及司法人員，可安排返國歸案而不被羈押，致告訴人陷於錯誤陸續共支付美金4萬元。後為法務部調查局人員逮捕歸案。原判決以被告係於105年12月2日修正施行之刑法第5條增列第11款即「第三百三十九條之四之加重詐欺罪」之前，在泰國曼谷及香港，涉犯刑法第339條之4第1項第2款之加重詐欺罪嫌，依被告行為時之刑法第5條至第7條規定，及香港澳門關係條例第1條、第43條第1項之特別規定，中華民國人民在該條款施行前，於中華民國領域外（含香港與澳門）犯該罪，並無我國刑法之適用，無從追訴、審判而無審判權，依刑事訴訟法第303條第6款規定，諭知被告被訴上開加重詐欺罪嫌部分公訴不受理。

3 法律問題

中華民國人民在中華民國領域外（含香港與澳門）犯刑法第5條至第7條以外之罪，而無我國刑法之適用時，法院究應以行為不罰為無罪判決，抑或無審判權而為不受理判決？

4 大法庭之見解

(1) 我國刑法對人、事與地的適用範圍，係以屬地原則為基準，輔以國旗原則、屬人原則、保護原則及世界法原則，擴張我國刑法領域外適用之範圍，即依刑法第3條至第8條之刑法適用法，決定我國刑罰權之適用範圍，並作為刑事案件劃歸我國刑事法院審判之準據。

(2) 刑法適用法之規定，就實體法面向，為可刑罰性之前提要件，即進入構成要件該當、違法及有責性審查之前提要件，決定是否適用我國刑法規定處罰。中華民國人民被訴在中華民國領域外（含香港與澳門）涉犯刑法第339條之4之加重詐欺罪，且其行為時係於105年12月2日修正施行之刑法第5條增列第11款即刑法第339條之4之加重詐欺罪之前，依刑法第2條第1項規定，應比較修正前後之條文，適用最有利於行為人之修正前規定，而無我國刑法之適用。就程序法面向，則定我國刑事法院審判權之範圍，決定我國刑事法院是否得予審判。亦即刑法適用法具有實體法與程序法之雙重性質，如有欠缺，即無我國刑法之適用，不為我國刑罰權所及，且為訴訟障礙事由，我國司法機關無從追訴、審判。

☆ 所以在本號裁定之見解，認為被告之所為無我國刑法之適用（域外犯罪），且比較刑法修正前後之條文，應適用最有利行為人之修正前規定，所以認為我國刑法無適用，而應諭知不受理判決。

2 大法官解釋

(一) 釋字第799號【性犯罪者刑後強制治療案】

1 法律爭點

(1) 刑法第91條之1第1項規定「有再犯之危險」及同條第2項前段規定「再犯危險顯著降低」是否違反法律明確性原則及比例原則？

(2) 性侵害犯罪防治法第22條之1第3項規定「再犯危險顯著降低」是否違反比例原則及憲法第8條人身自由之保障？

(3) 刑事訴訟法及性侵害犯罪防治法均未規定應賦予受處分人於聲請宣告或停止強制治療程序，有到庭陳述意見之機會，是否違反憲法正當法律程序原則？

(4) 刑法第91條之1第2項前段規定進行之鑑定、評估程序，是否對受處分人之程序保障不足，而違反憲法保障人民訴訟權之意旨？

(5) 性侵害犯罪防治法第22條之1第1項規定，對95年6月30日即刑法第91條之1規定修正施行前，曾犯性侵害犯罪之加害人施以強制治療，是否違反法律不溯及既往原則及信賴保護原則？

2 大法官解釋文

(1) 刑法第91條之1第1項及第2項前段規定，與法律明確性原則尚無違背；刑法第91條之1第1項規定未牴觸比例原則，與憲法保障人身自由之意旨尚屬無違。

刑法第91條之1第2項前段規定及性侵害犯罪防治法第22條之1第3項規定關於強制治療期間至再犯危險顯著降低為止之部分，與憲法比例原則尚屬無違。惟若干特殊情形之長期強制治療仍有違憲之疑慮，有關機關應依本解釋意旨有效調整改善。

(2) 性侵害犯罪防治法第22條之1第1項規定，尚不違反法律不溯及既往原則及信賴保護原則。

(3) 刑事訴訟法及性侵害犯罪防治法均未規定應賦予受處分人於法院就聲請宣告或停止強制治療程序，得親自或委任辯護人到庭陳述意見之機會，以及如受治療者為精神障礙或其他心智缺陷無法為完全之陳述者，應有辯護人為其辯護，於此範圍內，均不符憲法正當法律程序原則之意旨。有關機關應自本解釋公布之日起2年內檢討修正。完成修正前，有關強制治療之宣告及停止程序，法院應依本解釋意旨辦理。刑事訴訟法第481條第1項後段規定與憲法保障訴訟權之意旨尚無違背。

(4) 現行強制治療制度長年運作結果有趨近於刑罰之可能，而悖離與刑罰之執行應明顯區隔之憲法要求，有關機關應自本解釋公布之日起3年內為有效之調整改善，以確保強制治療制度運作之結果，符合憲法明顯區隔要求之意旨。

本則大法官解釋主要爭點在於刑法第91條之1的強制治療之規定，當中的爭議在於聲請人因為被認為有再犯之虞，故重複強制治療，而很長的治療期間也讓聲請人認為就是一種刑罰而非治療，故提起本件之釋憲聲請。

(二) 釋字第791號【通姦罪及撤回告訴之效力案】

1 解釋日期：民國109年05月29日

2 解釋爭點

(1) 刑法第239條規定是否符合憲法第22條保障性自主權之意旨？本院釋字第554號解釋應否變更？

(2) 刑事訴訟法第239條但書規定是否符合憲法第7條保障平等權之意旨？

3 解釋文

刑法第239條規定：「有配偶而與人通姦者，處1年以下有期徒刑。其相姦者亦同。」對憲法第22條所保障性自主權之限制，與憲法第23條比例原則不符，應自本解釋公布之日起失其效力；於此範圍內，本院釋字第554號解釋應予變更。

刑事訴訟法第239條但書規定：「但刑法第239條之罪，對於配偶撤回告訴者，其效力不及於相姦人。」與憲法第7條保障平等權之意旨有違，且因刑法第239條規定業經本解釋宣告違憲失效而失所依附，故亦應自本解釋公布之日起失其效力。

> 本則就是過往的通姦罪除罪化的大法官解釋，亦交待刑事訴訟法關於通姦罪之相關規定一併宣告失其效力。

(三) 釋字第775號【累犯加重本刑及更定其刑案】

1 解釋日期：民國108年02月22日

2 解釋爭點

(1) 刑法第47條第1項有關累犯加重本刑部分，是否違反憲法一行為不二罰原則？又其一律加重本刑，是否違反憲法罪刑相當原則？

(2) 刑法第48條前段及刑事訴訟法第477條第1項有關累犯更定其刑部分，是否違反憲法一事不再理原則？

3 解釋文

刑法第47條第1項規定：「受徒刑之執行完畢，或一部之執行而赦免後，5年以內故意再犯有期徒刑以上之罪者，為累犯，加重本刑至二分之一。」有關累犯加重本刑部分，不生違反憲法一行為不二罰原則之問題。惟其不分情節，基於累犯者有其特別惡性及對刑罰反應力薄弱等立法理由，一律加重最低本刑，於不符合刑法第59條所定要件之情形下，致生行為人所受之刑罰超過其所應負擔罪責之個案，其人身自由因此遭受過苛之侵害部分，對人民受憲法第8條保障之人身自由所為限制，不符憲法罪刑相當原則，牴觸憲法第23條比例原則。於此範圍內，有關機關應自本解釋公布之日起2年內，依本解釋意旨修正之。於修正前，為避免發生上述罪刑不相當之情形，法院就該個案應依本解釋意旨，裁量是否加重最低本刑。

刑法第48條前段規定：「裁判確定後，發覺為累犯者，依前條之規定更定其刑。」與憲法一事不再理原則有違，應自本解釋公布之日起失其效力。

刑法第48條前段規定既經本解釋宣告失其效力，刑事訴訟法第477條第1項規定：「依刑法第48條應更定其刑者……由該案犯罪事實最後判決之法院之檢察官，聲請該法院裁定之。」應即併同失效。

☆ 本則就是討論累犯不分情節一律加重其刑，是否有違比例原則？最後大法官表示雖然累犯有其加重的必要，但是不分情節一律加重，不符合第59條所定之要件情形，所以認為有牴觸比例原則、罪刑相當性原則，法院應該依據個案判斷來斟酌，而非劃一的標準。

模擬試題

小玉是一名富二代，每天晚上都喜歡開這自己的跑車奔馳一番，然而有次在開車的途中，遇到一名馬路三寶（以下稱A），A先是在路上突然慢駛，又突切往路邊，似乎是對路況不熟或是在找路。而小玉剛好遇到A，對於A的所為甚為討厭，故開到A的車旁對其大吼了一聲就離去，而A也因此而嚇了一跳，突煞車擦撞到路旁的一台汽車，A也因此而受到頭部擦傷；A隨即報案，後續警方介入調查。試問：如果小玉在3年前觸犯了不能安全駕駛罪（即酒駕），服刑6個月，現在又因為此件案件，小玉是不是屬於刑法第47條的累犯？之後在量刑上，是否一定要加重其刑？

破題關鍵

刑法的累犯要件是因為徒刑執行完畢或執行一部而赦免，在5年內「故意」再犯有期徒刑以上之罪者，加重其刑二分之一。而依題所述，今天A撞車是因為小玉故意所導致？還是小玉自己也沒預料的情況。

假設，該案可能涉及的是肇事逃逸罪，那小玉能否對於A成傷有所預見，並選擇逃逸？還是根本對此不知情。因肇事逃逸罪的要件必須對於肇事且有認知或可能知道有人因此而受傷，所以若有欠缺，就未必能以肇事逃逸罪相繩。

再者，是不是符合累犯的要件：「故意」再犯有期徒刑之罪者。故就問題是否為累犯，可推論為不符合累犯之要件；退而論之，即便是後續認定小玉是故意所為，依照司法院大法官第775號解釋要旨，要視個案情形，而非一律加重其刑，否則有違罪責相當性與比例原則。

第三篇
近年試題與解析

110年 身障三等

1 甲於深夜返家，因酒醉誤認乙宅為自宅而闖入，乙飼養之狼犬遂對甲攻擊，乙聞甲哀號聲，但誤認甲為竊賊，雖明知狼犬正在咬甲，卻自始並未制止，希望甲受教訓而不再竊盜，經過一分鐘後，乙一聲令下，該訓練有素之狼犬即停止對甲之攻擊，惟甲卻因被狼犬咬傷要害，送醫後仍因傷重而死。問：乙是否應負刑責？

爭點速解

從本題來看，甲是一個酒醉而無辜之人，但是卻誤入乙宅，而乙宅有一隻狼犬，當乙聽到甲被咬了，乙認為是小偷而不予理會（也沒有制止），咬了一分鐘後才要狼犬停止攻擊，甲因此傷重而死。

(一)甲誤入乙宅是不是一種侵入的行為？乙可不可以因此而主張正當防衛？

(二)乙選擇不立即要狼犬停止攻擊之行為，是不是成立傷害致死罪？

答 (一) 對於甲誤入乙宅，乙可以主張正當防衛：

1. 客觀上，甲確實未獲允許侵入乙之住家範圍，故對於乙而言，是一種現在之不法侵害。而主觀上，乙對於飼養之狼犬攻擊行為明知具故意，故構成要件該當。
2. 雖甲是出於酒醉而誤入乙宅，但對甲而言就是侵入之行為；因此乙對於甲不法之侵入行為，即可主張是出於正當防衛而阻卻違法。

(二) 乙讓狼犬咬甲一分鐘後才阻止之行為，不成立傷害致死罪：

1. 乙飼養狼犬、也知道狼犬可能攻擊人致死，對此，負有危險源（即狼犬）監督的保證人義務，負有一定的作為義務。
2. 對於侵入者，乙自然能以此作為防衛之方式，且主觀上，乙是出於防衛的意思，並非出於傷害他人致死的故意，故構成要件不該當。
3. 然必須考慮的是，乙對於此種危險源有一定之作為義務，也就是乙對於狼犬攻擊可能發生咬傷他人有一定認知，故若選擇未制止（即不作為），即乙有注意之義務，卻未注意，則存有過失，故對於狼犬咬傷甲未及時制止之行為，成立過失致死罪。

2 甲、乙為男女朋友並論及婚嫁，甲男之母親丙反對甲與乙結婚，並極力阻止兩人交往，乙女即生報復心，乃以分手威脅甲，唆使甲殺害丙，甲也不滿丙平日管教嚴厲，兩人共謀以假車禍方式殺丙。某日，甲依計畫在丙外出過馬路時，開車衝撞丙致死。問：甲、乙應負何刑責？

爭點速解

本題爭點明確，考的是殺害直系尊親屬罪，但行為人一個具有特定身分，一個不具備時，該如何論處。

答 (一) 甲開車撞死其母之行為成立殺害直系尊親屬罪（第272條）。

(二) 然乙與丙間並不具此特定關係，故依第31條之規定，僅能論以一般刑責，而乙是唆使甲之行為，故應論以殺人既遂罪之教唆犯（第271條、第29條）。

110年 退除役三等

1 試說明：故意與過失之區別標準及所採之立場與理由。並依據前述所採立場，分析下述事實之行為人甲，對於人員死亡是否具有故意。甲駕駛之工程車卡在臺灣鐵路管理局（下稱臺鐵）某段（火車）鐵軌旁邊坡上。甲企圖以個人機具（怪手）拉起該工程車，結果因為連接怪手與工程車之環狀布帶無法承受拉力而斷裂，導致工程車從鐵軌旁邊坡摔落，滾入火車軌道。其後甲雖頻頻使用手機與人聯絡商討後續該怎麼處理，卻始終未通知台鐵該段鐵軌上有工程車、列車無法通過等情況。其後某列火車經過該路段時，因為進入該路段前面為彎道，駕駛發現鐵軌上有工程車時，雖緊急煞車但仍無法煞停而撞上該工程車，造成多人死傷。

爭點速解 考的是刑法第13、14條故意過失之概念，當中又以容認故意（間接故意）v.s.有認識過失，在此情形中，該如何適用之。

答 本題考的是太魯閣出軌案，當中的被告是李義祥為主，本案仍在審理中，但是在起訴書內記載是以過失致死罪、過失傷害罪等起訴，所以本題會是以「過失」作為結論；所以前面必須釐清楚「故意」與「過失」之區別，當中又以「間接故意」與「有認識過失」之區分為重點！

雖然看似單純申論題，但是重點在於須涵攝入本案事實，才能算是完證的答案。

2 甲和乙相約攜帶棍棒，前往仇家A經常出沒的店家附近等待，打算兩人一起用棍棒結束A生命。夜間A出現後，甲、乙拿起棍棒一陣亂打，A頭破血流不支倒地。甲頭也不回，立即離開現場。乙本想對A說「想不到會有今天吧」再離開，但看到A被打後的慘狀，才驚覺自己闖下大禍，連忙拿出手機打給119。A雖經救護車送往醫院，但仍無法挽回一命，到院後死亡。試附理由說明：甲、乙在刑法上應如何處斷。

爭點速解 本題考的是中止犯的概念，故須對於中止犯的前提去論述到。

答 本題甲、乙主觀上就是出於殺人之故意，且客觀上也發生死亡之結果，故甲、乙成立殺人既遂罪（第271條第1項），但是本題最後表示乙心生悔悟打了電話叫救護車，但是最後A還是死亡，所以這個地方考的是有沒有中止犯的適用。

但是中止犯適用的前提，必須是未發生既遂的結果，所以本題還是不能適用中止犯之規定而減免刑罰。

110年 一般警察特考三等

甲女某日獨自於戶外郊遊，行經一個陌生僻靜之處，突然見到A男在該地形跡鬼祟，頓時心生警覺，立即加快腳步要離開，沒想到A卻叫住她「不要跑」，甲聞言大驚更是用盡全力快跑，卻見A從後面追過來，甲於是掏出隨身攜帶的防狼辣椒噴霧，朝A的臉部噴去，造成A的臉部皮膚發炎及眼睛結膜炎，但事實上A是當地地主，只是要告誡甲不要進入其私人土地，試分析甲的行為在刑法上應如何評價。

爭點速解

本題考的是誤想防衛的問題，所以建議將誤想防衛的法律效果見解臚列出，擇一適用即可。

答 甲女對A噴防狼辣椒噴霧之行為，成立過失傷害罪：

(一) 客觀上，甲以防狼噴霧朝A臉部攻擊，造成A眼睛結膜炎之結果；其主觀上，係認為A可能對其不利而接近之，故認為其人身安全面臨現實上之危險而攻擊之，故構成要件該當。

(二) 然甲在本案之事實上出現誤認，也就是存在著誤想防衛之情形，而其法律效果有不同之見解：

1. 學說見解認為採取限制法律效果之罪責理論：也就是行為人對於容許構成要件之錯誤，並非是一種構成要件錯誤，亦非禁止錯誤，而是一種獨立的錯誤類型，所以僅排除行為人於罪責部分之故意責任，亦即不影響行為型態之故意，但影響罪責型態之故意。

2. 實務見解認為：誤想防衛（錯覺防衛）是屬於容許構成要件錯誤，而其法律效果難認有犯罪故意，但應成立過失罪責，論以過失犯。也與學說見解的結論相彷。

(三) 故無論採以上何見解，甲應論以過失傷害罪。

NOTE

110年 一般警察特考四等

甲在菜市場購物時，發現某攤商的錢遭A所竊，於A正欲離去時，甲上前追捕A，且將A壓制於地上欲置其死，並持路旁的磚塊重擊A的頭部，致使A頭部破裂當場死亡。請說明甲的刑事責任如何？

爭點速解

這個問題必須切割成兩個部分來看，第一個是甲追捕A後壓制的行為，第二個則是甲持磚塊重擊A頭部致死，兩者需分別論定。

答 (一) 甲對於A追捕、壓制之行為不成立剝奪行動自由罪（第302條）

1. 客觀上甲確實在追捕A後將A壓制住，也限制A之自由；而主觀上，甲也是出於限制其自由之故意。
2. 然當中需探討的是，甲對其追捕、壓制之行為是出於依法令之行為：對現行犯之追捕行為（第21條、刑訴法第88條），故行為阻卻違法。

(二) 甲後續持磚塊重擊A頭部致死，成立殺人既遂罪（第271條）

1. 客觀上，甲確實持磚塊重擊A頭部，且發生致死的結果。而主觀上，對於重擊他人頭部會發生致死的結果有認識仍執意為之，亦具故意。
2. 然有問題的是，甲是否仍可主張其是正當防衛的行為而阻卻違法？現行犯之規定，是可對於現行犯逮捕，但一經限制其自由後就該移送檢、警機關，而非繼續施以暴刑，故後續持磚塊重擊之行為，不能主張是一種阻卻違法行為。

3. 然是否可主張是一種防衛過當之行為？行為人對於逮捕的概念應「無」所謂的繼續性、持續性攻擊行為，且攻擊的部位是頭部，故此主張亦無理由。

NOTE

110年 高考三級（一般行政）

1 甲花錢請乙為其殺死情敵A，乙猶豫不決，此時丙在一旁為甲幫腔勸說，乙因而被說動接受甲的金錢委託去殺A。隔日，乙偷偷在A的便當中下毒，A不知便當遭下毒仍將便當吃光光，隨即毒發口吐白沫倒地抽搐，狀甚痛苦。乙心生不忍、頓時悔悟，立刻以手機打電話通報救護車前來救A，並告知A所中之毒的種類，惟在救護車尚未抵達前，A被家屬發現送醫急救，A因此撿回一命。試討論本案中甲、乙、丙之刑責？

爭點速解 本題跟前述的題目很類似，都是在考準中止犯的概念，還有要區分正犯、教唆犯以及幫助教唆犯。

答 (一) 乙動手下毒之行為，成立殺人未罪之準中止犯（第271條、第27條）

1. 客觀上，乙對A的便當下毒且A吃便當後即毒發，兩者間具有因果關係；主觀上，乙也有殺害其之故意，故構成要件該當。
2. 乙並無阻卻違法事由。
3. 然乙因心生不忍且電聯救護車，屬於一種積極防果之行為，雖A後續並非因此而免於一死，然乙有積極防止結果之發生，可依第27條第1項後段而適用準中止犯之規定。
4. 故乙成立殺人未遂罪之準中止犯，可減免刑罰。

(二) 甲花錢教唆乙殺死A之行為，成立殺人未遂罪之教唆犯（第271條、第29條）。

(三) 丙在旁幫忙勸說之行為，屬幫助教唆的一種，然幫助教唆的性質，有不同見解：有認為係幫助犯之性質，亦有認為係教唆犯之性質，惟詳究其行為，係在旁喚起他人之犯意，故應以教唆犯之見解較為宜。故丙之勸說行為成立殺人既遂罪之教唆犯，為丙無準中止之行為，故不得以此為由減免刑罰。

2 流氓甲回家發現其妻與鎖匠乙在家中聊天、狀甚曖昧，甲怒火中燒頓生殺意，遂直接拿起桌上水果刀向乙砍殺，乙左臂中刀受傷逃跑，甲持刀衝出繼續追殺乙，乙見甲窮追不捨，為求活命不得已乃緊急以萬能鑰匙打開丙家門鎖，進入丙住宅內躲避追殺。此時，在家睡午覺的丙被驚醒，發現陌生人乙闖入家中，誤以為是盜匪入侵，為自衛乃持鋁棒攻擊乙，導致乙身上多處受輕傷。試討論甲、乙、丙可能應負之刑責？

爭點速解 本題涉及到甲是否有第273條義憤殺人罪之適用。乙以萬能鑰匙開丙家之門，是否有侵入住宅罪？丙以鋁棒攻擊乙之作為，能否主張正當防衛而阻卻違法？

答 (一) 甲之行為成立刑法第271條第2項殺人未遂。依實務見解其妻雖與乙狀甚曖昧，但甲若以此為由而主張有「義憤殺人罪」之適用，是不成立，因「義憤」之情狀，在司法實務見解對於此種妻與人曖昧之情況並不能主張。故無義憤殺人罪之適用。

(二) 乙持萬能鑰匙打開以避免甲之追殺，不成立刑法第306條侵入住宅罪：雖乙確實有以萬能鑰匙開啟丙宅，但在違法性上，可主張「緊急避難」而阻卻之。

(三) 丙持鋁棒攻擊乙之行為，不成立傷害罪。客觀上，丙以為乙是陌生人可能對其不利，故認為存有防衛之情狀，而丙主觀上，亦係出於防衛的意思而攻擊乙。

NOTE

110年 高考三級（法制）

1 甲、乙兩人正在競爭一份工作，這份工作需要持有有效駕照。甲為了讓乙失去競爭機會，計畫讓乙因犯罪而被吊銷駕照。甲因此邀請乙外出用餐，並於乙所飲用無酒精飲料內偷偷加入麻醉藥品。餐後，甲告訴乙，剛聽說乙兒子發生意外事故，乙太太心急如焚，希望他立刻回家。乙在未加確認事實下，立即開車回家，途中，因精神恍惚撞上路人A，導致A當場死亡。試問甲、乙行為依刑法如何論處？

爭點速解 本題考點在於被人下藥能不能成立第185條之3的不能安全駕駛罪？此外，下藥之人對於發生致死的結果，非出於己之手，是否仍成立犯罪？

答 (一) 乙不構成不能安全駕駛罪（第185條之3）

客觀上，乙確實飲用含有麻醉藥品的無酒精飲料，但乙對此不知情，故主觀上並無故意，故構成要件不該當。

(二) 乙駕車撞死路人A之行為，成立過失致死罪（第276條）

1. 客觀上，乙之恍惚駕車之行為與A的死亡，兩者具有因果關係；然主觀上，乙對於開車路途中，自身應明知精神狀況不佳，仍執意駕車，雖非故意但仍有過失，故構成要件該當。
2. 乙對此無阻卻違法事由及阻卻罪責事由，故成立本罪。

(三) 甲下麻醉藥品入乙的飲料內，成立傷害罪（第277條）

1. 客觀上，甲加入乙無酒精飲料內的是麻醉藥品，且麻醉藥品必會導致他人精神狀況不佳；主觀上，甲明知但並有意為之，故構成要件該當。
2. 甲對此無阻卻違法事由及阻卻罪責事由，故成立該罪。

(四) 甲對於乙撞死A的行為，成立過失致死罪：

1. 客觀上，甲對於下麻醉藥品入乙的飲料內，主觀上亦明知必定會導致乙精神狀況不佳，卻執意為之。而後續乙駕車不慎撞死A，兩者間具有因果關係且亦具客觀歸責，故構成要件該當。
2. 甲對此無阻卻違法事由及存在阻卻罪責事由，故成立本罪。

2 甲、乙、丙相約到酒店慶生，並共同邀請已經喝不少酒之A一起跳舞。四人開始跳舞後不久，A突然倒在甲身上。三人以為A是不勝酒力睡著，趁機接續對當時表情就像睡著般之A實施性侵入行為。後經鑑定，在A倒在甲身上當時就已經因心肌梗塞猝死。試問甲、乙、丙行為依刑法如何論處？

爭點速解　本題考的是一個概念，對於已經死亡之人性侵是不是一種不能未遂？以及如何論處。

答 (一) 甲、乙、丙三人成立乘機性交罪未遂的共同正犯（第225條第3項、第28條）

1. 主觀上，甲乙丙三人其明知實施性侵入行為但不違背其本意，故具故意；惟客觀上，甲、乙、丙也確實對A實施性侵入行為，惟有問題的是，A當時已死，不存在犯罪之客體，故屬未遂。
2. 必須討論的是，甲乙丙對A死亡一事不知情，可否主張適用第26條的不能未遂而減免刑罰？
   (1) 對此，有採具體危險說見解認為，從一般人的角度來看或甲乙丙三人特別認知判斷，倘對第三人實施性侵入之行為，必定是會對其性自主權構成侵害，故成立普通未遂。
   (2) 然對此另有重大無知說的見解，惟對於本案的甲乙丙並非是屬於重大無知的狀況，故仍屬普通未遂。
3. 故甲乙丙成立乘機性交未遂的共同正犯。

(二) 這邊可以嘗試討論毀損屍體罪（如果還有時間的話）。

110年 司法三等（書記官）

甲因女友乙遭前男友A跟蹤騷擾而氣憤不已，乙為證明自己與A無瓜葛，唆使甲教訓痛打A一頓，不料甲與A見面時，見A開名車戴名錶，打消打A之念頭，反而恐嚇A交付十萬元作為賠償，否則將向A公司上級檢舉A性騷擾乙一事。A為息事寧人，將錢交付予甲，但心仍有未甘，天天打電話騷擾乙。乙找來甲交待甲一定要依其指示殺了A。某日甲持改造式手槍埋伏在A上班地方樓下電梯口，打電話約A下樓，俟電梯門一開步出一人，甲以為是A就開槍，未料是其他樓層的人先走出電梯而中槍，幸緊急救護未死，A也毫髮無傷。請問甲、乙之行為如何論斷？

爭點速解

本題考的錯誤論及教唆混合題型。

答 (一) 乙對甲教唆對A痛打一頓不成立第277條傷害罪的教唆犯：

因正犯甲並未實行犯罪行為，故乙的教唆屬於未遂教唆，而教唆規定不處罰未遂教唆，故不成立。

(二) 甲恐嚇A交付10萬元之行為，構成第346條之恐嚇取財罪：

1. 甲向A表示若不交出10萬元即告發性騷擾一事，即屬於一種將來惡害的告知，且A確實因此而交付10萬元，故構成要件該當。

2. 於違法性部分，雖不法行為之告發，兩者欠缺手段與目的間之可非難性，然若仍以此作為取財之手段，仍屬不法，構成本罪。

(三) 乙對甲教唆殺害A之行為，構成殺人未遂罪之教唆犯

1. 主觀上，正犯甲欲殺害A，最後卻誤擊到旁人，屬於一種等價的客體錯誤，而最後未發生既遂之結果則為未遂，故以殺人未遂論。

2. 惟其主要之爭點在於教唆者乙之行為應該如何論處：

(1) 有認為教唆既遂說，也就是正犯已實行該犯罪行為，但發生客體錯誤而偏離了計畫，然而即便是客體錯誤，對於教唆者是可以預見或是不重要的偏離，所以並無逾越教唆故意的範圍。

(2) 有認為屬於教唆未遂說，也就是正犯發生客體錯誤時，對於教唆者就是一種打擊錯誤，對於未成立的行為論以教唆未遂罪不罰，但發生過失的部分仍成立過失犯，兩者予以想像競合處理。

(3) 有認為採取個別化（區分說）的見解，也就是客體錯誤不影響正犯之構成要件故意，且是屬於教唆犯可得預見之範圍，又不具有法律上重大意義的偏離，仍認為無逾越教唆故意之範圍。

3. 對於本爭點可採取上述擇一見解，在實務上大多採教唆既遂說，而學說見解會以個別化理論來解，然不論何者，在本題結論上會論以教唆既遂。

4. 故乙成立殺人未遂罪之教唆犯。

110年 調查三等

甲男以狗繩牽著飼養多年的狼犬小黑至公園散步，途中遇到素有嫌隙的鄰居乙男，兩人為了平常的鄰居糾紛爭吵起來。因兩人越吵越兇，手勢激烈，致小黑誤以為乙要攻擊甲，小黑護主心切，遂掙脫甲手中的狗繩撲前攻擊乙。由於小黑力量龐大，甲無法操控繫住其之狗繩，故而無法阻止小黑攻擊乙。甲見小黑已經將乙撲倒在地並不斷撕咬，有可能將乙咬死，且若自己出面安撫小黑，可使小黑停止攻擊，但因兩人平常結怨已深，故放任小黑繼續攻擊乙。渾身鮮血的乙疼痛不已，厲聲揚言做鬼也不會放過甲，甲方驚覺事態嚴重，連忙令小黑停止攻擊，並至路邊撥打119召喚救護車。此時乙已經失血過多，若不送醫急救，必死無疑。惟在甲電召之救護車來之前，一旁圍觀的路人丙主動將乙送往醫院急救，乙經大量輸血後撿回一命。試問甲有何刑責？

爭點速解

本題考的比較複雜一些，主要是考不作為犯的認定、著手以及準中止犯，而不作為犯相對於作為犯，必須不作為與作為的法律評價是相同，而放任動物的攻擊能不能等同於自己去攻擊來看，都是要交待的地方。

答 (一) 甲放任小黑去攻擊乙的行為，構成殺人未遂罪的不作為犯

1. 甲雖對於小黑之攻擊並非故意，然後續對於小黑持續攻擊乙，目擊到有相當之危險且並不違背其本意時，主觀上則具有故意，後續未發生既遂之結果，為未遂。

2. 而甲放任之行為在法律上評價屬於一種不作為，然不作為犯所涉之著手問題：

(1) 有認為採最初防止可能的機會說，也就是當第一個救助行為可能性消失時，即屬著手。

(2) 有認為採救助可能最後機會說，也就是遲誤最後一個救助機會時，才能算是著手。

(3) 主、客觀混合理論，此說認為必須視情況而定，也就是行為人已處於危險，構成要件結果即將發生，存在立即危險，如仍未救助，即屬著手；然而另種情況是，假若行為人認知的是未有急迫之危險，直到行為人認識到危險即將來臨，卻持續不作為，才算是著手。

3. 若以前述的主客觀混合理論來看，乙確實面臨到生命危險（大量出血），而甲未有救助行為，即屬著手。

4. 甲無阻卻違法事由及阻卻罪責事由，故成立本罪。

(二) 甲立即電聯救護車之行為，構成第27條之準中止犯

1. 依法蘭克公式來判斷甲之電聯救護車行為，係出於本意而無關其他。

2. 然乙雖非因甲電聯之救護車所救，但是甲的確有積極防果之行為，雖然乙最後是因路人協助而免於一死，依準中止犯的規定來看，仍成立準中止犯。

110年 司法四等（書記官）

1 甲走路不慎碰撞到騎自行車的壯漢A，A暴怒，從自行車上拿取打氣筒衝向甲，並舉手要毆打甲，甲見A身材壯碩又有打氣筒在手，趕忙舉拳備戰。怎知A第一擊揮空，且打氣筒順勢甩落於甲腳旁，A低身想撿打氣筒繼續毆打甲。甲為了保護自己，快一步撿起A的打氣筒，持之揮打A，A被甲打到手臂流血，甲則趁亂離去。甲之刑責為何？

爭點速解

本題考的是甲對A能不能主張正當防衛的問題，再來考的是甲把屬於A的打氣筒拿走的行為該如何論處。

答 (一) 甲可以主張正當防衛

1. 在構成要件部分，甲採取攻擊的手段並且導致A手臂流血（受傷）的事實，兩者間具有因果關係。
2. 然而在違法性，甲能不能主張是因為出於不法之侵害而正當防衛？甲對於A的攻擊閃過，即存在現在不法之侵害，而該侵害仍持續進行中，故甲拿起打氣筒攻擊A的手臂，主觀上是出於防衛的意思，故可主張正當防衛而阻卻違法。

(二) 甲不成立搶奪罪

1. 在構成要件部分，甲確實搶走A的打氣筒，但在搶奪罪部分，實務見解是公然趁人不備而加以掠取，而學說見解認為需破壞緊密持有的狀態。

2. 當然若以實務見解來解本題，其實甲在構成要件部分該當，但是在違法性上，還是會回到前述，甲是因為正當防衛之故而撿起打氣筒，並非是要奪取他人之財物。但若採學說的見解，就直接在構成要件部分排除，因為當時A的打氣筒是掉落地面，甲僅是撿起而並不是施以不法腕力奪取而破壞其緊密持有。

2 甲於餐廳用餐，欲竊取鄰座顧客乙的手機。甲將手伸至隔壁餐桌，取走置於桌上的手機（實際上為丙所有）。甲至餐廳門口時，丙即發現上情，並衝上前阻止甲離去，甲為避免丙的追捕，朝其腹部施以數拳。丙因疼痛難耐而跪倒在地，甲則持該手機逃離現場。甲的刑責應如何論處？

爭點速解 本題考的概念就是竊盜罪+準強盜罪。

答 (一) 甲竊取手機之行為成立竊盜罪：甲意圖為自己不法之所有，而竊取丙所有的手機，成立第320條竊盜罪。

(二) 甲為避免丙的追捕而動手痛毆腹部數拳之行為，成立準強盜罪：甲在竊取丙手機後，為脫免逮捕而當場施以強暴脅迫之行為（動手毆打丙的腹部數拳），依大法官釋字第630號解釋認為只要讓被害人畏懼而抑制其抗拒即可，未必要致使完全喪失抗拒之能力，故甲成立第329條準強盜罪。

(三) 競合：用不罰之前行為的概念處理，所以僅論以準強盜罪即可。

110年 地特三等

1 某日甲於住處附近社區道路散步，因不滿A駕車經過不慎碰觸到其手臂，未即刻下車道歉，而與A發生口角。嗣於不久後，心有不甘的A持鋁製棒球球棒夥同其胞兄B，一同到甲的住處理論，並舉起球棒作勢攻擊甲，甲見狀為保護自己，從住處牆角取出其所有之農用掃刀一把，揮向A數次，其中一刀揮中，致A的左手腕的神經血管肌腱斷裂（行為第一部分）；隨後A見球棒不足以與農用掃刀抗衡，且左手受傷，轉身要逃離，然就在A打開紗門逃至庭院時，甲自後揮刀數次，其中一刀砍中，致使A受有左大腿後側切割傷併肌腱斷裂（行為第二部分），所幸在一旁的B及時推開甲，A與B二人得以順利逃出屋外，並在路人協助下送醫，倖免於死。請分別就行為第一部分與行為第二部分，依刑法條文與學理，討論甲是否應負罪責？

爭點速解

本題考的是否有延展型防衛過當適用的爭議以及該如何論處，當然寫本題時，不一定有固定的答案，著重在個人如何去論述。

答 (一) 甲揮刀揮中A的左手腕處，A隨後逃離至庭院，甲仍持掃刀砍中A左大腿處之行為，應如何論處？

1. 有認為前行為（即掃刀揮中A手腕）可主張正當防衛，然後續砍A的左大腿之行為（後行為），則仍認為是出於防衛的意思所為，故仍以一行為論。

2. 另有認為，當前行為完成時，後行為則不能再論以正當防衛，而應以誤想防衛處理，故應區分而論以數行為。
3. 本文以為，當前行為完成時，防衛的情狀已消失，故後行為，不能再以正當防衛而論，至多論以誤想防衛過當處理。

(二) 承前所述，故甲持掃刀揮中A手腕之行為，可主張正當防衛而阻卻違法。

(三) 然後行為（繼續持掃刀砍中A左大腿之行為）屬於一種誤想防衛過當之行為，在前面的例題有解過類似的題目。有分成故意理論、嚴格罪責理論、限制法律效果的罪責理論、負面構成要件錯誤理論；然多數會以限制法律效果的罪責理論來處理，所以就此部分則論以過失傷害罪。

2 甲與乙二人共同謀議到A宅竊盜，約定好由甲進去竊取財物，而乙則在屋外把風。適家主A返家，乙先發出撤退信號給甲，假稱A擋路而拖延A的時間，正當A與乙二人發生口頭爭執之際，乙的朋友丙碰巧經過，乃過來加入乙的陣營，並引開A注意力，使甲、乙二人得以順利離去，問如何論斷甲、乙、丙的罪責？

爭點速解

本題主要考點是丙後續加入之行為，應該論以相續共同正犯還是只能論以幫助犯。

答 (一) 甲乙行竊未遂之行為，成立第321條加重竊盜未遂罪之共同正犯。

(二) 而丙加入甲乙陣營之行為，應如何論處？

1. 有認為在著手後加入之行為即能論以相續共同正犯，但從另外見解來看，後續加入之人必須有實行完成犯罪之意思，或有其他功能之補助，才能論以相續共同正犯。

2. 故從本題來看，丙在加入之時，甲乙已行竊未遂，而丙的行為，只是讓甲乙順利逃走而已，僅能論以幫助犯。

(三) 甲乙丙三人不成立第321條第1項第4款的結夥三人加重竊盜罪。因丙未在場實行竊盜之行為。

NOTE

110年 地特四等

1 同一公司員工之甲和乙為追求女同事而鬧翻，甲乃意圖毒殺乙，某日買飲料並將毒藥混入其中，託請不知情之丙將飲料拿給乙喝，丙拿飲料放到乙的座位上，未料乙的好朋友丁恰巧來找乙，將該飲料喝下，隨即腹痛，甲發現丁誤喝，立即將丁送醫，經急救後丁恢復健康。問：甲應負何刑責？

爭點速解 本題考的是間接正犯的爭點，當被利用人出現客體錯誤之時，正犯應該論以客體錯誤還是論以打擊錯誤？

答 (一) 甲意圖殺乙，找不知情之丙拿有毒飲料給乙喝，未料卻給丁喝到了，然未發生實害之結果，故為未遂，惟有疑問的是，當中間接正犯甲該如何論處？

1. 有認為被害客體交由被利用人自行決定，如果發生錯誤時，間接正犯則應認為是一種客體錯誤。
2. 然另有認為，被利用人發生錯誤的情形，對於間接正犯來說是可預期的，但是仍選擇執意為之，故如發生客體錯誤時，間接正犯應論以打擊錯誤。
3. 本文以為以第2說之見解較為允洽，因間接正犯對於被利用人當中可能發生錯誤之情形可得預見，但對於這樣的情形並不影響其犯意。
4. 故本題甲之行為成立殺人未遂罪之間接正犯。

(二) 而丁未發生實害之結果，是因甲發現錯誤而停止，與第27條所示之中止未遂不同，而屬於障礙未遂的一種，故仍不能適用中止犯規定而減免刑罰。

2 住都市之甲女放假到山上散心，因不熟悉該地而啟用衛星導航，但因導航錯誤，致使甲越走越偏離正常道路，此時天色已晚，正當甲女心急如焚時，恰好住在該山區之乙男騎機車經過，甲乃求助乙，乙見甲單獨一人而心生邪念，佯稱將載甲下山，甲隨即搭乘乙之機車，稍後甲發現乙行駛之道路越來越偏僻，乃要求乙停車，乙不但不停更加速行駛，甲大聲喝斥無效後心急跳車，滾落路旁身受重傷，乙立即逃匿無蹤，恰巧其他當地住戶聽見異聲而發現甲。問：乙應負何刑責？

爭點速解 本題主要的考點在剝奪行動自由進而發生重傷之結果，當中有無加重結果犯之適用？

答 (一) 乙男藉機載甲之行為，構成第302條之剝奪行動自由罪

1. 客觀上，乙藉口說幫忙甲離開山區，甲不疑有他而上了乙的機車，乙趁機加速使甲無法離開之行為，屬於剝奪他人行動自由之行為。而主觀上，其亦有剝奪他人自由之故意，故構成要件該當。
2. 乙無阻卻違法事由及阻卻罪責事由，故成立本罪。

(二) 甲發現當中有異後跳車而發生重傷之結果，則乙構成剝奪行動自由罪之加重結果犯

1. 加重結果犯之成立要件，前行為與後發生之加重結果間具有因果關係。而實務見解認為，行為人須對於加重之結果可得預見之，而能否預見則採一般人之判斷標準。
2. 故乙男在加速機車時，即有或可得預見甲女會跌落、滾落或是選擇跳車之行為，故對於發生加重之結果是得以預見之。
3. 故乙成立剝奪行動自由罪之加重結果犯（第302條第2項後段）。

(三) 兩者競合之結果，乙應論以剝奪行動自由致重傷罪。

NOTE

111年 高考三級（一般行政）

1 甲於某颱風天到火車站搭車，買票前上洗手間時，發現仇人乙正在如廁，乙身旁正好有一只手提式行李箱，甲出於報仇並毀壞該行李箱之心態，趁乙如廁未及防備，將該手提式行李箱直接丟進洗手間旁的水溝，因當天雨勢猛烈，水溝的水流甚大，行李箱即被淹沒沖壞。事後發現，乙早已計畫炸毀火車站，並傷害或殺死不特定之乘客，該行李箱中其實安裝了三分鐘後即將引爆的炸彈，甲的行為意外地挽救了車站乘客的生命與身體利益。請問甲的刑責為何？

爭點速解 本題考的爭點在於主觀上欠缺防衛意思，但客觀上卻存有防衛的情狀，可回頭看關於此考點之爭議。

答 甲將乙之行李箱丟入水溝沖走的行為，成立普通毀損罪（刑法第354條）。

(一) 客觀上，甲在丟棄該行李箱之行為與行李箱毀損之結果間具有因果關係與客觀可歸責性，然其主觀上，亦具有毀損故意。

(二) 違法性：於客觀上，甲誤丟棄乙所安裝炸彈之行李箱，反而救了車站之人，然甲之主觀面上對於乙安裝炸彈一事，並無不知，故主觀上欠缺防衛之意思，學說上對此情形稱之為「反面容許構成要件錯誤」。

(三) 而甲可否因此而主張存有阻卻違法事由？亦即甲的「反面容許構成要件錯誤」是否可以此為由而阻卻違法？對此學說尚有不同見解：

1. 有採「既遂說」：採此說見解認為，阻卻違法事由包含客觀與主觀構成要件，必須兩者皆該當時，始能阻卻違法，故在此情形時，行為人仍須負完全既遂責任。
2. 有認為採「未遂說」：此說認為行為人雖不具防衛意思而無法排除不法；然因個案中可觀情形具備防衛情狀，所以僅具有行為非價而不具結果非價，會與未遂類同，故認為成立未遂犯。

(四) 管見（本人）認為依照前述見解，認為仍應成立既遂說較為公允，故甲無從阻卻違法事由及阻卻罪責事由，成立本罪（毀損既遂罪）。

2 甲出於用球棒打斷乙雙腿、並使其永久失去功能之犯意，某日深夜埋伏在乙必經的回家路上，甲等了約十分鐘後，一位身形貌似乙之人出現，甲心想這一定就是乙，立即帶著球棒攻擊該人之雙腿，未料該人身手了得，甲連打十下，球棒均未碰到該人，甲愈想愈氣，隨即拿出懷中暗藏的水果刀，一刀刺向該人胸口，該人立即死亡。未料被甲殺害的該人不是乙，而是乙的雙胞胎弟弟丙。請問甲的刑責為何？

爭點速解

前面的題述就清楚告知「有重傷的故意」，但是後面考的是打擊錯誤的考點，所以可以回頭看關於等價客體錯誤的爭議及法律效果。

答 (一) 甲以球棒攻擊丙的行為，成立重傷罪之未遂犯（第278條第3項）

1. 首先，因丙未因此而受重傷，故以未遂犯檢討。
2. 甲主觀上是保持著要讓乙受重傷之故意去攻擊丙，然客觀上出現客體不符之狀況，此狀況屬於一種「等價的客體錯誤」，通說認為在此情形下不阻卻故意，而甲業已著手而未遂。
3. 甲無阻卻違法事由及阻卻罪責事由，而成立重傷罪之未遂犯。

(二) 甲持刀殺丙之行為，成立殺人既遂罪（第271條第1項）

1. 客觀上，丙之死亡與甲持刀刺殺間具有因果關係與客觀歸責，主觀上，雖甲誤丙為乙，仍不影響其故意。
2. 甲無阻卻違法事由及阻卻罪責事由，故該當本罪。

(三) 競合

1. 甲之前行為是出於重傷，只是傷人未果，而後行為持刀刺殺丙致死，兩行為間應否以吸收關係論以一罪？
2. 有認為殺人與重傷間，是必然存在的關係，故僅論以殺人罪即足。而另有認為，兩者間屬不同之犯意，故應分論以兩罪處理。
3. 管見（本人）認為，甲是在無法傷到丙後而變更其犯意，決定以刀刺殺致死，前後分屬不同之犯意，故應分論處罰之，方為公允。

111年 高考三級（法制）

1 甲牽著其飼養個性兇猛的土狗到公園遛狗，並未繫上牽繩。途中土狗見到在公園玩耍的幼童A，兇性大發，朝著A撲過去。甲見狀急忙上前抱住土狗轉向，不得已撞向旁邊正在運動的老人B，導致B倒地受傷。請問甲的刑事責任如何？

爭點速解

甲因見土狗突然兇性大發，故抱住而轉向B之行為，能否主張是一種緊急避難行為而予以免責？

答 甲見土狗見到A猛撲時，抱住土狗A撞向老人B時，成立傷害罪（刑法第277條）。

(一) 客觀上，甲未緊上牽繩遛土狗，極有可能預見土狗有暴衝或攻擊路人之可能，然甲見土狗撲向A時，立即採取抱住土狗選擇撞向老人之行為，與老人因此倒地受傷間具有因果關係與客觀歸責；而主觀上，甲對此雖不具直接故意，然必有認知但仍執意為之，故有間接故意，主、客觀構成要件該當。

(二) 然甲可能主張係因為未避免讓A受傷而選而撞向B，故有緊急避難之適用，然此部分涉及到「過失型之緊急避難」是否承認？

對此不同見解：

1. 實務見解採否定說：其認為僅承認故意所招致之緊急避難，若是過失行為所惹起，則不承認有緊急避難之適用。
2. 學說見解採肯定說：其認為應具體審酌緊急避難之要件，判斷是否符合「優越利益」的保護。
3. 管見（本文）認為宜採取否定之見解，為避免緊急避難遭任意擴大適用、解釋之可能。

(三) 故本題甲之所為無阻卻違法事由及阻卻罪責事由，而成立傷害罪。

2 甲在速限50km/h的市區道路駕駛，見前方路口號誌顯示為綠燈，即踩下油門將速度提升到80km/h要通過路口。不料，騎著腳踏車的A，由於講電話不專心，竟然闖紅燈，突然橫向衝出到甲的車道上，甲剎車不及直接撞上A，A當場死亡。事後證明，如果甲未超速，即可及時剎車而不撞上A。請問甲的刑事責任如何？

爭點速解 甲在速限50km/h下以80km/h闖過路口，構成刑法第276條過失致死罪，然A亦存有肇事因素，但能否以若A專心騎車，則甲不會撞上A作為理由，則須以客觀歸責理論去分析之。

答 (一) 甲煞車不及撞上A致死之行為成立過失致死罪（刑法第276條）

客觀上，甲見路口顯示為綠燈，突加速至80km/h撞擊與騎著腳踏車未予注意的A之死亡結果間具有因果關係，然而有疑問的是，A因講電話未予專心而闖紅燈亦是肇事之因素之一，故A之死亡結果可否逕而歸責於甲，則需討論之：

1. 甲是否製造一個法所不容許之風險：甲突然高速行駛，確實製造一個法所不容許之風險，因為高速疾駛下，易發生交通事故。
2. 次者，甲之所為是否風險升高：依題所述，假設甲遵守速限未超速，是不會撞到A，故確實風險升高、實現。
3. 是否為構成要件效力範圍內：甲自身所為就是違反交通法規，雖A亦因未專心而闖紅燈，然甲不能逕以此為由而主張非構成要件效力範圍內，且亦不能主張所謂「誠信原則」。

(二) 故A之死亡客觀歸責於甲之所為，而甲無阻卻違法及阻卻罪責事由而成立本罪。

3

甲至A賣場購物，發現原先價格3,000元的高級牛肉一包，竟被賣場誤貼標示為500元的價格標籤，於是拿這包牛肉到櫃台結帳，結帳人員不疑有他，讓甲成功結帳離開。A賣場事後清點帳目，發現貼錯標籤，故和甲索討2,500元的貨款。甲十分不滿，在其設為公開的臉書留言，謊稱A賣場常將低階牛肉標上高階牛肉的價格販售。請問甲的刑事責任如何？

爭點速解

須將甲之前行為是否能論以竊盜罪、詐欺罪？必須詳述論之，而甲之後行為則須討論到是否成立加重誹謗罪。

答 (一) 甲之所為不成立竊盜罪：因竊盜罪之成立，必須利用他人不知情而竊取他人財物始構成，而甲係經由結帳人員結帳離開，故非竊取之行為，不成立本罪。

(二) 甲以500元之價格結帳而取得3000元之高級牛肉一包行為，不成立詐欺罪（刑法第339條）

1. 詐欺罪之成立，必須行為人施以詐術而騙取他人交付或處分其財物，且兩者間須具因果關係。甲自始未施以任何詐術，且該誤貼標籤亦是賣場所為，與甲無任何關係。而甲亦係由正常結帳流程始離去，故就此之錯誤亦不歸責於甲。
2. 而甲是否有可能知悉該包高級牛肉標價可能有出錯之問題，由題內所述並無法得知，且標價有錯之行為係由賣場所致，而所謂的甲可能知悉而不告知此事，即以不作為之方式，而達詐欺之目的，以此推論，確實並無依據，且實務見解對於不作為是多認為不能逕論詐欺罪，故甲之所為不成立詐欺罪。

(三) 甲因為不滿，是公開在臉書留言，謊稱A賣場常將低階牛肉標上高階牛肉的價格販售，成立加重誹謗罪（第310條第2項）

1. 客觀上，甲虛構謊稱賣場A有故意將低價肉標高價賣出，有致使店家之商譽受損，商譽受損與甲之虛構謊稱間因果關係與客觀歸責，而主觀上，甲亦具此故意，故主、客觀要件該當。
2. 甲無阻卻違法事由及阻卻罪責事由，故成立本罪。

4 甲開車載A出遊，至杳無人跡之處看風景，甲突然提議要與A性交，A起先拒絕，但甲不斷強力要求，雖然並未動手或出言恫嚇，態度卻越來越兇惡。A心想自己與甲體力差距懸殊，當地又無人相助，激怒甲只是徒增傷害，於是屈從於甲的意思與其性交。在驅車回返途中，甲又和A說，剛剛性交的過程中感到A病氣甚重，應是被靈體纏身，需再次性交始能將陽氣傳入驅趕靈體。A確實罹患癌症，故信以為真，內心恐懼，再次答應與甲性交。請問甲的刑事責任如何？

爭點速解 本題須區分前後2次的性交行為，第1次甲雖態度兇惡卻未有動手、恐嚇，但在此情況下，是否能該當「其他違反意願之方法」，則須詳述論之，在第2次性交，則可討論是否有詐術性交之問題。

答 (一) 甲的第一次性交行為，成立強制性交罪（第221條第1項）

1. 按刑法強制性交罪之規定：「對於男女以強暴、脅迫、恐嚇、催眠術或其他違反其意願之方法而為性交者，處三年以上十年以下有期徒刑。」
2. 而依題所述，甲雖態度兇惡卻未動手或出言恫嚇，然是否以違反其他意願之方法為之，則有爭議：
   (1) 強制手段不要說：實務上有見解認為只要有壓抑被害人之性自主決定權為判別，而無須一定要什麼樣的強制手段、手法。
   (2) 低度強制手段說：有學者認為行為人雖未施行強暴、脅迫、藥劑、催眠術，但是行為人製造使被害人處於無助而難以反抗或難以脫逃的程度，亦即算以低度強制手段達成，亦成立強制性交罪。

(3) 強制手段必要說：亦即須依照法條之規定，必須以類似強暴、脅迫之方式才能構成。

2. 管見（本文）認為宜採第(1)或第(2)說之見解為宜，因為在強制性交案件，確實很多情形是難以舉證，但應回歸到被害人之性自主決定權是否因此而受影響或壓抑，其手段、方式則不應予詳究。

3. 故甲之兇惡所為，確實讓A認為抵抗只是徒增傷害，而壓抑其性自主決定權，故成立本罪。

(二) 甲的第二次性交行為則不成立強制性交罪

1. 承題目所述，甲在完成第一次的強制性交後，又另以虛構A靈體纏身、要以性交之方式將陽氣傳入等方式，甲得以完成第二次性交。

2. 在此則須檢討，甲的方式是否構成「以其違反意願」之方法與被害人性交而成立強制性交罪？學者認為，在此情形下，被害人雖受到宗教信仰影響而造成心理上產生壓力或恐懼，但仍是自願與行為人性交，而不能逕以鬼神之問題而逕以推論當中是否涉有詐欺之性質。

3. 故客觀上，甲雖與A發生性交之事實，然當中是自願、同意之行為，故不成立本罪。

111年 普考

1 甲與鄰居A積怨已久，某日甲在公寓頂樓乘涼，往下看到A走路回來，就拿一個花盆往樓下丟，想要傷害A。殊不知，花盆墜落過程中撞擊鐵窗產生偏移，擊中在一樓院子裡澆花的B，導致B頭部撕裂傷。請問甲的刑事責任如何？

爭點速解　考的是打擊錯誤的概念，而A和B是等價的客體；在實務見解另有提及一個「有無預見可能性」加以判斷，也應該陳述出來。

答 (一) 甲對A不成立傷害罪（刑法第277條）：主觀上，雖有想傷害A之故意，但卻誤傷到B；甲對A並無傷害之事實，且本罪並無未遂犯之處罰，故不成立本罪。

(二) 甲誤砸到B之行為，成立過失傷害罪（刑法第284條）

1. 客觀上，甲是出於傷A之故意拿花盆丟下，因花盆墜落過程出現偏差，而誤砸到B，此係屬於一種「打擊錯誤」，又打擊錯誤區分成等價與不等價之客體錯誤，其法律效果則分成對失誤擊中之客體成立過失犯，而其主觀要攻擊之課題則論以未遂犯處理。
2. 而實務見解（最高法院102年台上字第153號判決）則另提出行為人有無「預見可能性」加以判斷之，亦即甲在持花盆往下砸時，可預見有可能會砸到其他人，即代表其有不確定之故意，而其執意往下砸時，其主觀要件該當，客觀上B受傷與甲之行為具有因果關係與客觀歸責，又無阻卻違法及阻卻罪責事由，故成立本罪。

2 甲將50萬元借予A，並未簽立字據，只有通訊軟體Line的對話紀錄可資證明。嗣後，甲因更換手機遺失全部對話紀錄，A亦因車禍意外死亡，甲即以影像處理軟體，憑著印象製作對話紀錄截圖一張，以此向A的繼承人B索討債務，B見圖即還清A的債務。請問甲的刑事責任如何？

爭點速解　重新繕打原來的對話記錄，能否該當偽造文書之要件？

答　甲不成立偽造文書罪（刑法第210條）。

(一) 按刑法第210條偽造文書之規定，指的是無製作權人冒用他人名義而做成文書（形式偽造）；另有文書內容虛偽（實質偽造），惟名義人與製作人一致，然偽造文書罪在於保護文書之公共信用，則作成名義雖出於虛偽，如內容為真實，無足以損害於公眾或他人，尚不能成立偽造文書罪（參最高法院107年台上字第2484號判決）。

(二) 故甲雖重新繕打Line的對話紀錄，然該對話紀錄亦屬真實，故依前述之實務見解，則不成立偽造文書罪。

3 甲在公車候車亭等公車時，見同樣等公車的A穿著短裙，露出大腿與小腿，趁著A背對甲時，以手機拍下A整個腿部的照片，隨即遭A發覺，要求甲刪除照片，甲拒絕之。請問甲的刑事責任如何？

爭點速解

甲偷拍A「大腿」照片，是否能成立刑法第315條之1竊視竊錄罪，亦即「腿部」是否該當該條所述之「隱私」部位？

答 (一) 甲不成立刑法第315條之1竊視竊錄罪

1. 按刑法第315-1之條規定要件：「一、無故利用工具或設備窺視、竊聽他人非公開之活動、言論、談話或身體隱私部位者。二、無故以錄音、照相、錄影或電磁紀錄竊錄他人非公開之活動、言論、談話或身體隱私部位者。」而成立該條之竊視竊錄罪。
2. 然因為甲是偷拍A露出來的大腿、小腿（下半身），此部分是公開的，並非是隱私部位，故與該罪之要件不合。
3. 故甲不成立刑法第315條之1竊視竊錄罪。

(二) 然可附帶一提，甲之行為可依性騷法第2條、第20條之規定交由縣市之主管機關裁罰之。

4 甲與車友A相約騎乘自行車，途中停下休息，甲將價值數十萬元的高檔自行車緊靠路旁護欄停放。突然一陣強風吹來，甲眼看自行車即將被吹倒，為防止自行車摔壞，即將A推倒在地，讓自行車落在A身上，結果自行車絲毫無損，但造成A多處挫傷。請問甲的刑事責任如何？

爭點速解

甲之行為是為了財產法益，能否主張緊急避難？而其行為與A的挫傷間，在衡量下是否有過當？

答 甲推倒車友A導致其多處挫傷，成立傷害罪（刑法第277條）。

(一) 客觀上，甲見自己的自行車可能被吹倒，而推倒A以防止自行車受損，其行為與A受挫傷間具因果關係與客觀歸責；然主觀上，甲亦認知到，將A推倒之行為必伴隨著可能受傷之結果，仍執意為之，故主、客觀構成要件該當。

(二) 然甲可否主張是出於「緊急避難」而阻卻違法？對此，按刑法第24條規定：「因避免自己或他人生命、身體、自由、財產之緊急危難而出於不得已之行為，不罰。但避難行為過當者，得減輕或免除其刑。」

(三) 承前，甲對於擔心自行車被風吹倒導致受損的「財產法益」與A之身體受傷之「身體法益」間之權衡下，身體法益較之於財產法益為高，故甲之推倒行為有過當或是另採取其他迴避手段為之。

(四) 甲之行為屬「避難過當」（第24條1項但書規定），故仍成立傷害罪，但得減輕其刑。

111年 司法三等(司法事務官)

甲在火鍋店吃火鍋時，看到素有嫌隙的乙在隔壁桌用餐，即向乙口出「垃圾」、「廢物」等語用以洩憤，乙被刺激到受不了，站起來以拳頭揮向甲的臉部。甲雖非刻意引起攻擊，但也早有防備，儘管尚有閃避的空間，仍在乙拳頭即將擊中前，出腳踹向乙的大腿，使乙跌倒在地，造成其多處挫傷。請問甲之刑事責任如何？

爭點速解

本題之重點在於挑唆型防衛能否主張正當防衛以及該採取之措施為何。

答 (一) 甲向乙辱罵垃圾、廢物等語，構成刑法第309條之公然侮辱罪：

1. 甲客觀上，對乙辱罵垃圾、廢物之詞，是有貶低其人格、名譽之字眼，且係在火鍋店內，即不特定之第三人均能共聞之，故與公然之要件相符；而甲主觀上亦具有侮辱乙之故意，故構成要件該當。
2. 甲無阻卻違法事由，亦無具阻卻罪責之事由，故成立本罪。

(二) 甲透過辱罵乙後，當乙攻擊時藉以出腳踹向乙的大腿，造成乙多處挫傷，構成刑法第277條第1項傷害罪：

1. 甲客觀上,有出腳踹向乙的大腿,且其之所為與乙跌到在地,存有因果關係,而甲之行為製造法所不容許之風險、亦為該風險實現構成要件範圍內,故結果可客觀歸責於甲。
2. 然惟有疑問之處,在於甲得否主張係因為乙之攻擊行為才出腳攻擊乙,亦即主張其有正當防衛之事由?然依題所述,甲是故意藉機辱罵乙,引致乙受到刺激而出手攻擊甲,而甲之行為係一種「意圖式挑唆防衛」;故雖甲存有防衛之情狀,但當中遇有防衛之情狀係因其之所為所導致,然挑唆型防衛與正當防衛有所不同,故甲不能以此為由主張係一種正當防衛而阻卻違法。且實務見解認為若遇此情形,係一種權利濫用之禁止,故須採取迴避之方式為之。
3. 甲無阻卻違法事由,亦無阻卻罪責事由,故甲之所為仍構成傷害罪。

(三) 甲之所為成立第309條之公然侮辱罪、第277條之傷害罪,依第50條規定予以競合處理之。

111年 司法三等（書記官）

1 甲擔任A市政府環境保護局B區清潔隊隊員，負責駕駛資源回收車。行為當日，甲駕駛資源回收車搭載同區清潔隊隊員乙進行資源回收，在收集完起點的資源回收物之後，甲即駕車搭載乙前往下一個預定的回收地點。依清潔隊工作安全相關規定，收集資源回收物品時，除車廂以外不得載人，收集資源回收物完畢後，清潔隊員應進入資源回收車廂內乘坐，且於車輛行駛期間不得站立於車後踏板上。乙為便宜行事，乃循其與甲歷來工作之慣行，不進入車內卻攀附站立後車廂後方之車後踏板上，並且大聲叫甲快點開車，不然會來不及。甲雖從後照鏡看到乙攀附站立於後車廂後方踏板上，但仍將車輛駛向下一預定地點。途中於狹窄路段會車及轉彎時，乙因車輛晃動與離心力影響，從所站踏板上跌落，頭部嚴重撞擊地面，雖經送醫，仍因顱內出血不治死亡。試問：依照我國現行刑法規定，甲之行為應如何論罪？

爭點速解

本題考的重點在於過失之認定。

答 (一)

1. 按刑法第14條過失之規定為：依情形，行為人雖非故意，然按情節能注意而不注意，為過失；或，行為人對於構成要件之事實，雖有預見其發生，但確信不發生者，以過失論。
2. 次按，我國實務對於因果關係採取之「相當因果關係理論」，為依照經驗法則，一般人在相同之情況下，有此環境、遇有此條件時，能得此結果，亦即從事後、客觀之角度而論，假若，未必能獲得此結果，則不能推論兩者間存有相當性。

(二) 故依本題之所述，乙為了方便行事，會站在後車廂後方之車後踏板上，並大聲叫甲快點開車，但遇到會車及轉彎時，乙因車輛晃動與離心力影響而跌落，導致顱內出血而死亡，能否逕論以刑法第276條之過失致死罪，不無疑論。對此，乙自認其方法很安全，但卻違反道路交通管理條例之規定，僅屬於違反行政規定，而兩者尚難能推論出必定導致乙摔倒致死之可能性，故若依前述之相當因果關係說來判斷，甲之駕駛行為與乙的顱內出血死亡之結果，未必存在因果關係，故甲之所為不該當過失致死罪。

當然，在本題是可以提出不同的看法，也就是甲能否預見的可能性，也就是甲在駕駛過程中，轉彎、會車時，是否可能預見乙會抓不穩而摔？若可能預見，甲則存有過失，仍會成立過失致死罪。

2 甲常於所住社區餵流浪狗，所經之處均有流浪狗成群跟隨，但也因狗群排泄物造成環境髒亂，附近居民對甲均十分不滿。其中，賃居附近的大學生乙更曾數次在甲餵狗群時與甲發生嚴重口角，每次均幾乎與甲互毆，幸賴旁人勸阻而未釀更嚴重衝突。甲之後乃於餵流浪狗時攜帶球棒防身。行為當日晚間，乙自外騎機車返租屋處，持機車大鎖正欲鎖車，又見甲在餵流浪狗，乃上前痛斥並要甲快滾。甲大怒，高舉球棒大吼要乙走開。此時乙因認甲持球棒可能傷害自己，也要甲放下球棒，並快步上前靠近甲，徒手欲奪球棒。甲見乙伸手欲奪球棒，同時又看到乙另一手持機車大鎖，且想起先前數次吵架積怨，乃持球棒使盡全身力氣對乙頭部重擊一次，乙因此立刻倒地不起。乙受重擊後頭部骨折、顱內也大量出血，經送醫始免一死。試問：依我國現行刑法規定，甲之行為應如何論罪？

爭點速解

本題的重點在於是否成立正當防衛？此外對於殺人罪的判斷，如何去論證。

答 (一) 本題甲與乙長年互毆之行為，不成立傷害罪：

因依題所述，甲與乙長年因流浪狗一事而爭執、口角，但未見有任何人有受傷之描述，故若無存有傷勢之情形，則未發生傷害之結果，故亦不該當傷害罪。

(二) 甲持球棒痛毆乙的頭部之行為，構成刑法第271條殺人罪，分敘如下：

1. 構成要件：甲持球棒痛毆乙的頭部重擊一下，與乙的頭部骨折、顱內出血之結果，兩者間具有因果關係，且甲客觀上可預見，若持球棒針對人之頭部重擊，必定導致人頭部嚴重受傷甚至死亡之結果，故具客觀可歸責，而構成要件該當。
2. 就違法性而言：甲對於乙有持大鎖之行為，誤認為可以主張係刑法第23條正當防衛之行為而阻卻違法，然當時之情形，甲並非是出於防衛自己的主觀意識下而攻擊，而是出於攻擊乙之意思，亦非具有防衛之情狀，自不能主張正當防衛而阻卻違法。
3. 甲無阻卻罪責之事由，故成立本罪。

NOTE

111年 司法四等（書記官）

甲早想偷朋友乙的名貴鋼筆，某日利用兩人一同在圖書館看書，乙離開座位去洗手間時，甲出於取得鋼筆意思，伸手到乙的書包中尋找該鋼筆，未料乙當日竟未帶鋼筆出門，甲翻弄了乙的書包後一無所獲，只好罷手。請問甲的刑責為何？

爭點速解

本題之重點在於竊盜未遂以及第26條不能犯、第27條中止未遂之討論。

答 (一) 甲伸手入乙的書包伺機竊取名貴鋼筆而未尋得之行為，成立竊盜未遂罪：

1. 甲主觀上，存有竊取乙名貴鋼筆之故意及不法所有之意圖，故主觀要件該當。然客觀上，甲伸手到乙的書包內尋找即係著手之行為，但未尋找到該鋼筆即係未遂。
2. 而甲無阻卻違法之事由，亦無阻卻罪責之事由，故成立刑法第320條第2項之竊盜未遂罪。

(二)

1. 次按，刑法第26條之不能犯之規定，必須該行為不能發生之結果，亦無危險者，不罰。而當中不能發生犯罪之結果，要以一般人所認知到之事實而定，故甲伸手入乙的書包之行為，若以一般人認知之事實判斷，均會認為可能發生竊取之結果，而不發生結果僅是乙未攜帶鋼筆而已，故甲之行為有具體之危險，亦非無危險者，故非不能犯。

2. 再按，刑法第27條之中止犯之規定，必須行為人出於己意而選擇中止進行中之犯罪行為或防止結果之發生。而當中自願中止，實務見解認為須出於行為人之自由意志下進行，假若是因外在事物下之干擾下，而選擇不再續行犯行，則非中止犯之適用，而應成立障礙未遂。
3. 是故，甲之行為並非是出於自由意志下選擇不再續行犯行，而是因為反覆未尋獲名貴鋼筆而作罷，故依第27條中止犯之規定，亦非中止犯，仍成立障礙未遂。
4. 綜上，甲之所為非不能犯、亦非中止犯之適用。

NOTE

高普 | 地方 | 原民
各類特考

一般行政、民政、人事行政

1F181121	尹析老師的行政法觀念課 ---- 圖解、時事、思惟導引	尹析	690 元
1F141121	國考大師教你看圖學會行政學	楊銘	690 元
1F171111	公共政策精析	陳俊文	590 元
1F271071	圖解式民法 (含概要) 焦點速成 + 嚴選題庫	程馨	550 元
1F281121	國考大師教您輕鬆讀懂民法總則	任穎	近期出版
1F291111	國考大師教您看圖學會刑法總則	任穎	470 元
1F331081	人力資源管理 (含概要)	陳月娥 周毓敏	490 元
1F351121	榜首不傳的政治學秘笈	賴小節	610 元
1F591091	政治學 (含概要) 關鍵口訣＋精選題庫	蔡先容	620 元
1F831111	地方政府與政治 (含地方自治概要)	朱華聆	630 元
1F241121	移民政策與法規	張瀚騰	近期出版
1E251101	行政法 -- 獨家高分秘方版測驗題攻略	林志忠	590 元
1E191091	行政學 -- 獨家高分秘方版測驗題攻略	林志忠	570 元
1E291101	原住民族行政及法規 (含大意)	盧金德	600 元
1E301111	臺灣原住民族史及臺灣原住民族文化 (含概要、大意)	邱燁	730 元
1E571112	公共管理 (含概要) 精讀筆記書	陳俊文	610 元
1F321111	現行考銓制度 (含人事行政學)	林志忠	560 元
1N021121	心理學概要 (包括諮商與輔導) 嚴選題庫	李振濤 陳培林	550 元
1F301121	刑法總則考前必讀爭點——以實務見解建立邏輯思考地圖	禾翔	390 元

以上定價，以正式出版書籍封底之標價為準

千華數位文化股份有限公司

■新北市中和區中山路三段136巷10弄17號　■千華公職資訊網 http://www.chienhua.com.tw
■TEL: 02-22289070　FAX: 02-22289076　■服 務 專 線：(02)2392-3558・2392-3559

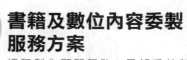

國家圖書館出版品預行編目(CIP)資料

(高普考)刑法總則考前必讀爭點：以實務見解建立邏輯思考地圖 / 禾翔編著. -- 第一版. -- 新北市：千華數位文化股份有限公司, 2022.12

面； 公分

ISBN 978-626-337-476-8 (平裝)

1.CST: 刑法總則

585.1 111019851

版權 禾翔 之章

刑法總則考前必讀爭點

[高普考] 以實務見解建立邏輯思考地圖

編　著　者：禾　翔

發　行　人：廖　雪　鳳
登　記　證：行政院新聞局局版台業字第 3388 號
出　版　者：千華數位文化股份有限公司
地址／新北市中和區中山路三段 136 巷 10 弄 17 號
電話／ (02)2228-9070　傳真／ (02)2228-9076
郵撥／第 19924628 號　千華數位文化公司帳戶
千華公職資訊網：http://www.chienhua.com.tw
千華網路書店：http://www.chienhua.com.tw/bookstore
網路客服信箱：chienhua@chienhua.com.tw

法律顧問：永然聯合法律事務所
編輯經理：甯開遠
主　　編：甯開遠
執行編輯：陳資穎
校　　對：千華資深編輯群
排版主任：陳春花
排　　版：丁美瑜

出版日期：2022 年 12 月 20 日　　第一版／第一刷

本書如有勘誤或其他補充資料，
將刊於千華公職資訊網　http://www.chienhua.com.tw
歡迎上網下載。